休闲需求统计方法及应用研究

白日荣 著

中国财经出版传媒集团
经济科学出版社
Economic Science Press

图书在版编目（CIP）数据

休闲需求统计方法及应用研究/白日荣著. —北京：经济科学出版社，2017.8

ISBN 978-7-5141-8388-7

Ⅰ.①休… Ⅱ.①白… Ⅲ.①闲暇社会学-统计方法-研究 Ⅳ.①C913.3-32

中国版本图书馆 CIP 数据核字（2017）第 213248 号

责任编辑：李　雪
责任校对：刘　昕
责任印制：邱　天

休闲需求统计方法及应用研究
白日荣　著
经济科学出版社出版、发行　新华书店经销
社址：北京市海淀区阜成路甲 28 号　邮编：100142
总编部电话：010-88191217　发行部电话：010-88191522
网址：www.esp.com.cn
电子邮件：esp@esp.com.cn
天猫网店：经济科学出版社旗舰店
网址：http://jjkxcbs.tmall.com
固安华明印业有限公司印装
710×1000　16 开　13.25 印张　200000 字
2017 年 8 月第 1 版　2017 年 8 月第 1 次印刷
ISBN 978-7-5141-8388-7　定价：46.00 元
（图书出现印装问题，本社负责调换。电话：010-88191510）

前　言

本书从时间利用统计的视角，探索了休闲需求研究中的统计方法，具体包括休闲时间、休闲活动参与研究中的数据采集、分析和解释方法，并根据北京市相关调查数据进行了实证分析。从内容和结构布局来看，全书八章内容可分为三大部分，各部分内容概括如下：

第一部分为理论研究部分，即前三章内容。具体来讲：第 1 章绪论，是研究的前导部分。主要介绍了休闲需求研究的背景和研究意义，对国内外相关研究进行了述评，并从时间利用统计的视角对研究内容进行规划设计。第 2 章时间利用统计及发展概况，在总结时间利用统计相关概念、统计内容和统计目标的基础上，梳理了国外及我国时间利用统计的历史、发展概况及相关研究成果，总结我国在时间利用统计方面存在的问题和不足。第 3 章时间利用调查方法及应用，重点介绍了时间利用调查的经典方法，即时间日记法在调查设计中的特殊性，具体包括调查工具设计、活动分类及编码和抽样设计三方面内容。其中，调查工具设计中，详细介绍了时间日记的两种形式即全时日记和简易日记的特点和适用情形、被访者背景问卷和休闲参与调查问卷包含的调查内容和形式选择；活动分类及编码中，概括总结了时间利用统计中有关活动分类的概念及原则，目前在国际上有影响力的若干时间利用统计活动分类及编码规则，并对我国时间利用统计活动分类及编码的特点进行了总结；抽样设计中，重点介绍了时间利用调查抽样设计的特殊性，即基于调查总体的“人 · 时”二维特性，时间利用调查抽样方法选择及其影响因素。

第二部分为应用研究部分，包括第 4 章至第 7 章共四章内容，根据北京市时间利用调查获取的时间日记和休闲参与问卷调查数据，对休闲时间和作为休闲需求外在表现的休闲活动参与状况进行统计分析。主要研究内容如下：休闲时间统计分析及应用研究中，按照时间利用统计分析指标体系及分析框架，分析了北京市居民的休闲时间拥有量状况和休闲时间在各种休闲活动上的分配使用状况。其中既有根据传统时间统计分析指标对平均休闲时间、休闲时间配置结构及休闲时间变动进行分析，也有借鉴经济学中关于消费需求的扩展线性支出系统模型，对边际休闲需求倾向、基本休闲需求、超额休闲需求进行分析。休闲需求的外在表现即休闲参与研究中，重点选择了体育休闲、怡情娱乐休闲和旅游休闲三方面休闲需求进行研究。以北京市居民的休闲参与调查数据为依据，研究了北京市居民在三大类休闲活动中的参与率状况、参与次数分布状况，利用 logistic 回归分析方法进行了三大类休闲活动参与的影响因素分析，研究了体育休闲活动参与过程中对各类体育设施的使用情况和社交关系，研究了旅行过程中对各种住宿设施的使用情况。

第三部分为总结部分，即第 8 章研究结论和展望。总结了时间利用统计在休闲需求研究中的地位和作用，肯定了时间利用统计为从微观视角研究休闲需求提供方法和数据支持的价值，归纳了北京市居民休闲时间及休闲活动参与实证研究的结论，并指出这些研究结论对相关决策的重要意义。最后，针对应用时间利用统计方法进行休闲需求研究存在的不足和有待改进的地方进行了说明和展望。

目　录
CONTENTS

第 1 章　绪论 / 1

1.1　研究背景和研究意义 / 1

1.2　国内外相关研究述评 / 2

1.3　研究设计 / 5

第 2 章　时间利用统计及发展概况 / 9

2.1　时间利用统计的内容及概念 / 9

2.2　国外时间利用统计的历史概况 / 12

2.3　美国时间利用统计的历史概况 / 18

2.4　我国时间利用统计历史概况 / 22

第 3 章　时间利用调查方法及应用 / 29

3.1　时间日记法 / 30

3.2　时间利用调查工具 / 31

3.3　活动分类及编码 / 45

3.4　抽样设计 / 56

第 4 章 休闲时间统计分析及应用 / 62

4.1 休闲时间统计分析内容 / 62

4.2 北京市居民休闲时间拥有状况分析 / 64

4.3 北京市居民休闲时间利用状况分析 / 77

第 5 章 体育休闲需求统计分析 / 105

5.1 休闲需求与休闲活动 / 105

5.2 体育休闲活动参与频率统计 / 110

5.3 体育休闲活动设施使用情况分析 / 128

5.4 体育休闲活动中的社交关系分析 / 136

第 6 章 怡情、娱乐休闲需求统计分析 / 144

6.1 怡情、娱乐活动参与频率统计 / 144

6.2 怡情、娱乐休闲活动参与次数分布状况分析 / 149

6.3 怡情、娱乐休闲活动参与情况影响因素分析 / 151

第 7 章 旅游休闲需求统计分析 / 161

7.1 旅游参与率统计 / 161

7.2 旅游频率分布统计 / 165

7.3 旅游参与影响因素分析 / 168

7.4 旅行住宿情况统计 / 176

第 8 章 研究结论与展望 / 179
8.1 研究结论 / 179
8.2 研究展望 / 194

参考文献 / 197

第1章 绪论

1.1 研究背景和研究意义

休闲是人类全面发展自我的必要条件，是社会文明进步的重要标志。于光远先生曾指出“闲，是一个很大很大的字眼”，是“同社会生产力这个大字眼密切相关的事务”，是社会发展的必然趋势，这种趋势“不以我们当前的意志为转移”。2000 年，世界休闲组织在其《休闲宪章》中指出：休闲是每个人都应该拥有的基本权力；休闲和健康及教育一样，是高品质生活的重要保障；政府有义务保障其公民能够获得高质量的休闲和娱乐机会。追求人的全面发展和社会的全面进步是经济发展的最终目的，强调经济增长要与社会发展相协调的现代发展理念正在国际社会深入人心。

目前，我国已进入全面建设小康社会、加快推进社会主义现代化建设的新的历史时期，这一时期的一个重要变化和显著特征，就是把人的全面发展和社会的全面进步提到了更加突出的战略地位。“双休日”和带薪休假制的普遍推行，休闲正“从少数人的消磨光阴，演变成多数人的生活方式”，人们的休闲需求空前高涨，休闲的大众化、国民化、普遍化正成为民众生活的时代特征。在此情形下，加快发展社会事业，完善公共休闲设施和社会服务网络，促进休闲产业的大力发展，满足人们不断增长的精神文化休闲生活需求，越来越成为社会和经济发展的重要目标。将无数个人的生活目标凝聚为国家战略，使休闲不单是个人追求，而且成为政府的重要责任。2001 年 3 月，我国国民经济和社会发展第十个五年计划纲要中，第一次明确提出把“推行职工带薪休假制度，合理调整居民工作和闲暇时间，扩大服务供给，鼓励居民服务性消费”作为提高人民生活水平的重要举措。2003 年 10 月，中国共产党十六届三中全会提出了科学发展观，并把它的基本内涵概括为“坚持以人为本，树立全面、协调、可持续的发展观，促进经济、社会和人的全面发展”，提出政府要更好地履行社会管理和公共服务职能。2009 年，《国务院关于加快发展旅游业的意见》明确指出：“将旅游业培育成国民经济的战略性支柱产业和人民群众更加满意的现代服务业”。2013 年 2 月，国务院办公厅《国民旅游休闲纲要（2013 ~ 2020 年）》明确指出“到 2020 年，职工带薪年休假制度基本得到落实，城乡居民旅游休闲消费水平大幅增长，健康、文明、环保的旅游休闲理念成为全社会的共识，国民旅游休闲质量显著提高，与小康社会相适应的现代国民旅游休闲体系基本建成。”

如何使这些国家战略最终得以实现，使休闲管理更加科学化，必须依赖可靠的决策依据和科学的决策方法。在此背景下，利用统计方法研究休闲需求问题，收集并分析居民休闲生活的数量特征，了解居民的休闲需求状况和影响制约因素，预测未来发展趋势，对于各级政府制定休闲规划和监督休闲政策实施效果将具有重要的决策参考价值。

1.2 国内外相关研究述评

利用统计工具研究休闲问题，主要从需求和供给两个角度来进行。从需求角度来看，主要包括对休闲时间、休闲活动参与以及休闲消费支出等方面的统计研究。从供给方面来看，主要侧重于对休闲事业包括公共休闲设施、资源配置和供给支出等方面的统计研究，以及对休闲产业包括对休闲从业人员、休闲产品供给、休闲商业企业的收入等方面的统计研究。从研究的实践来看，从供给角度研究休闲问题的现实难度较大，这是由休闲活动的特殊性决定的，因为休闲活动渗透在包括军队在内的几乎所有部门之中，很难确定其休闲产业边界①。而产业边界的模糊，导致按照传统产业划分依据建立起来的经济统计体系很难适应从供给视角进行休闲研究的需要。

对休闲问题进行统计研究，不论是从微观视角研究居民在休闲时间、活动、支出等方面的数量特点，还是从宏观视角研究休闲经济的发展状况，都离不开休闲统计体系的建立，这是进行数据收集、分析和研究的基础条件。在有关休闲统计体系的构建和相关研究探索方面，发达国家走在了前列，其中以美国、加拿大、澳大利亚、英国为代表，此外日本、韩国和中国香港地区也有相应的统计制度。但各种统计体系之间差异较大，缺乏可比性。即使同一个国家中的不同组织，所提供的数据往往也存在差异。在建立国家休闲统计体系方面，澳大利亚走在了世界各国的前列。澳大利亚统计局为了消除不同数据体系之间的差异，为相关部门提供统一的、权威性的数据，委托其下属国家文化和娱乐统计中心建立了一个统一的统计体系，即澳大利亚文化和休闲分类体系（Australian Culture and Leisure Classifications，ACLC），该分类体系包括三部分，即休闲部门分类、休闲产品分类、休闲职业分类，为休闲研究提供了一个重要的分类框架。

相比由于产业边界模糊导致以宏观经济视角进行休闲研究的现实难度来讲，从微观视角出发，对休闲需求进行统计研究具有更好的可操作性和现实性。从研究内容来看，主要包括休闲时间、休闲活动参与状况、休闲消费支出，以及基于人口统计学特征所进行的不同人群休闲生活状况的比较研究。从研究手段来看，采用生活时间利用调查与休闲参与调查，仍然是目前国际上应用最广泛的用来测度休闲需求的方法。

生活时间利用和休闲参与调查被当作休闲研究工具始于20世纪60年代。匈牙利社会学家萨拉于1965～1966年对欧洲12国进行生活时间调查，该调查确立了生活时间调查的标准方法，1972年完成多国时间预算比较研究。1962年，为建立休闲活动参与水平数据库，美国户外游憩资源评价委员会（ORRRC）开休闲参与调查之先河，进行了全美范围内的

① 宋瑞．休闲：经济学分析与统计［J］．旅游学刊，2002（6）．

休闲参与调查。此后，其他西方国家陆续加入生活时间与休闲参与调查研究行列。调查有时由政府部门组织实施，有时由政府委托商业或者学术机构组织实施，调查积累的数据资源为有关国家休闲政策制定提供了有力的决策支持。目前这些调查在抽样设计、活动种类和调查参考期设置等方面还不完全相同，调查数据的可比性还有待改进，但休闲调查正逐步走向制度化和规范化。

我国时间利用调查研究始于20世纪80年代。《闲暇社会学》（1992）是我国闲暇时间研究的奠基之作，是王雅林等人于1980~1981年对哈尔滨和齐齐哈尔两市职工时间利用调查和1988年对黑龙江省9个市镇居民生活时间利用调查基础上的综合研究成果。1998年在福特基金会的资助下，又分别在上海、天津和哈尔滨进行了城市居民生活时间利用调查，研究成果为《城市休闲——上海、天津、哈尔滨城市居民时间使用的考察》。王琪延分别于1987年、1992年、1997年、2001年、2006年、2011年和2016年进行了北京市居民生活时间利用调查，并于1997年进行了全国40个城市居民生活时间利用调查，先后出版了《国民生活研究》（1996）、《城市居民生活时间利用》（1999）和《中国人的生活时间利用》（2000）。此外，1987~1988年，卢汉龙、孙慧民等人对上海市、潘允康等人对天津进行了生活时间利用调查。1992年、1995年、1997年及1998年，北京大学时间地理学研究小组先后对兰州市、大连市、天津市、深圳市实施了生活时间利用调查。1982年国家统计局分别在北京、上海、天津、大连、重庆等地进行了城市居民生活时间利用抽样调查。2005年，北京市统计局对北京市城八区城市居民进行生活时间抽样调查。2008年5月，国家统计局社会科技司在北京、河北、黑龙江、浙江、安徽、河南、广东、四川、云南和甘肃10个省、市开展了时间利用调查。

进入21世纪以来，国内休闲参与调查研究渐渐兴起。从研究内容看，既有宽泛的对休闲生活或闲暇生活的研究，也有针对某一休闲生活侧面的研究，其中近六成的研究是关于体育休闲的。从调查对象看，城市居民和学生是两个受关注度较高的群体，学生中尤以大学生为最。从研究时间看，2005年以后休闲实证研究成果呈快速增长之势。但从目前的研究队伍和已有实证研究成果来看，还存在以下不足：第一，研究主体单一，政府重视不够。大部分休闲调查研究是由高校学者出于学术兴趣自发进行的，政府有关部门课题立项和资助机会十分有限。第二，休闲统计体系不健全，研究方法不规范。缺乏统一的概念体系、分类体系和调查量表体系，同类调查的可比性较差。第三，统计学科介入不足，对休闲的研究还未引起统计学领域高度关注，休闲统计教育还十分薄弱和滞后。

1.3 研究设计

本书拟从时间利用统计的视角，探索休闲需求的不同维度包括休闲时间、休闲活动参与状况研究中的数据采集、分析和解释方法，并以北京市居民时间利用调查数据为依据开展应用研究。研究内容规划如下：

1.3.1 休闲需求统计调查方法

时间利用统计是目前国际上从微观视角研究休闲需求的重要方法。本书将在梳理国内外时间利用统计发展概况的基础上，重点研究时间利用调查在调查工具设计、活动分类及编码以及抽样设计三方面的特点。研究内容包括：

（1）时间利用统计发展概况。明确时间利用统计的相关概念、分类方法、内容和统计目标。梳理国外特别是美国开展时间利用统计的历史，对我国进行时间利用统计的历史、取得的成果和存在的问题和不足进行总结。

（2）时间利用调查方法研究。着眼于时间日记法的研究，重点在于对时间日记法的特殊性进行总结。包括对调查工具全时日记和简易日记的区别和适用情形、背景问卷、时间利用扩展调查即休闲生活问卷的设计要求等方面的探讨，对时间利用调查中的活动分类及相应的编码方式的探讨，以及对时间利用调查抽样设计的特殊性、调查总体的特殊性和抽样方法的选择及影响因素的探讨。

1.3.2 休闲时间统计及应用研究

根据时间日记调查数据，建立相应的统计分析指标体系，并据此按照先一般性、后差异性的分析逻辑，开展有关休闲时间的统计研究，包括：休闲时间拥有量统计和休闲时间利用状况统计。

（1）休闲时间拥有量统计。按照生活时间利用统计中有关时间分类的四分法，即工作（学习）必需时间、个人生理必需时间、家务劳动必需时间和自由支配的休闲时间四大类，根据2011年北京市居民时间利用调查中的时间日记调查数据，分析研究调查对象的休闲时间规模、结构及不同人群休闲时间拥有量的差异情形。具体包括：第一，休闲时间拥有量统计，即调查对象在工作日和休息日的休闲时间平均拥有量，以及在工作日和休息日基础上综合得到的日平均休闲时间；第二，闲暇率，即闲暇时间在生活时间总量中所占比例，用以体现时间作为一种资源的配置结构；第三，基于人口统计学特征，分析不同人群因个人属性、社会经济状况等方面的不同，在休闲时间拥有量上的差异情形。

（2）休闲时间利用状况统计。分析研究休闲时间在不同休闲方式上的分配情形。根据北京市居民生活日记调查数据，基于日记设计中的休闲活动分类，分析人们在不同休闲活动中花费的时间以及活动时间的变化特性、配置倾向，借以了解北京市居民的休闲生活状况和休闲需求特点。具体包括：第一，各项休闲活动的时间使用分析。基于时间日记中设计的看电视、阅读书刊、报纸、听广播、游园散步等16项活动分类，使用活动平均时间、参与者平均时间和参与率等指标，分析各项休闲活动的时间使用状况；第二，各项休闲活动时间变动分析。利用时间弹性和时间贡献度指标，分析研究各项休闲活动在工作日和休息日的时间使用变动程度和变动倾向，借以分析在休闲时间总量增加的条件下人们休闲活动方式的变动和时间配置倾向；第三，基于扩展线性支出系统的休闲需求分析。借鉴经济学中关于消费需求的计量分析原理和方法，从时间维度来衡量研究对象的休闲需求，包括对基本休闲需求、边际休闲需求倾向和超额休闲需求的测定。

1.3.3 休闲活动参与状况统计及应用研究

利用时间利用扩展性调查中的休闲生活问卷或者休闲参与调查，获取人们在时距为一年的调查期内对各类休闲活动的参与信息、包括参与频率、活动场所、活动同伴选择甚至活动消费支出等关联信息，根据问卷调查数据开展有关休闲活动参与状况的统计分析，研究人们在不同方面的休闲需求。主要包括：体育休闲要求统计，怡情、娱乐休闲需求统计和旅游休闲需求统计。

（1）体育休闲需求统计。根据休闲参与调查中关于体育活动参与的相关调查数据，分析研究人们的体育休闲需求状况，包括：第一，体育休闲活动参与频率统计。涉及体育休闲活动年参与率统计、参与次数的分布状况以及体育活动参与影响因素研究；第二，体育休闲活动设施的使用情况分析。分析不同体育休闲活动对相关活动设施的需求特点，了解不同性质体育设施的服务范围和对人们体育休闲需求的满足程度；第三，体育休闲活动中的社交关系分析。通过分析不同体育休闲活动中的同伴选择意愿，了解总结不同体育活动中的社交关系特点。

（2）怡情、娱乐休闲需求统计。根据休闲参与调查中关于个人兴趣和娱乐休闲活动的调查数据，研究分析人们的怡情、娱乐类休闲需求特点，具体包括：第一，各类怡情、娱乐休闲活动的参与人数与参与率分析；第二，各类怡情、娱乐休闲活动参与者在不同参与次数上的分布特征；第三，各类怡情、娱乐休闲活动参与的影响因素分析，借以了解不同人群在怡情、娱乐类休闲需求中的类别特征和差异情形。

（3）旅游休闲需求统计。根据休闲参与调查中关于旅游活动的调查数据，研究人们的旅游休闲需求特征，具体包括：第一，各种旅游活动的参与人数、参与率以及参与次数分布分析，借以了解居民的出游需求和旅游市场规模及构成；第二，各种旅游活动参与的影响因素分析，以探讨不同居民的出游需求类别特征和差异情形；第三，各种旅游活动的住宿情况统计，分析研究人们在出游时的住宿地选择意愿，以了解人们出游时的住宿需求特征。

第 2 章　时间利用统计及发展概况

2.1　时间利用统计的内容及概念

2.1.1　时间利用统计内容

2.1.1.1　时间利用统计

所谓时间利用统计，就是有关个人在特定时间内（如一天 24 小时内或者一周 7 天中）如何分配时间的数字化度量。时间利用统计通过收集个体从事的不同活动以及每项活动花费时间等方面的相关信息，最终揭示特定人群（如一国年龄在 15～65 岁的人）在时间利用方面的一般特征和数量规律，例如，一天中用于旅行的平均时间、一周中用于有偿劳动和无偿劳动的平均时间等；同时揭示不同性别，不同年龄等不同人群之间在时间利用方面的差异特征。

2.1.1.2　活动统计

时间利用调查中记录的活动就是调查对象在调查期（如某一天）内花费时间进行的所有可能事情，例如，吃饭、旅行、照看孩子、工作、驾车、等车、吸烟甚至仅仅是无所事事等。

活动统计中考虑的问题有：

（1）活动的记录口径。活动的记录口径有两种情况：一种是事无巨细地记录，也即要记录一个人在特定的时间段内（12 小时内、一天 24 小时内或者一周 7 天内）所进行过的全部活动；另一种是有选择性地记录，即只记录那些事先出现在活动列表上的活动。

（2）活动的时间特性。所谓活动的时间特性指活动是在特定的时段内是否为调查对象唯一进行的活动，如果是唯一的，则称为单一活动，如果同时进行的有若干项活动，则称为同时活动。例如，边照顾孩子边看电视，同时进行照顾孩子和看电视两项活动。但同时进行的若干活动的地位往往是不相同的，于是就有了主要活动、次要活动和均时活动之分，其中均时活动是指两项活动同样重要，不分伯仲。

（3）活动的信息特征。活动所承载的信息包括发生的背景、持续的时间和出现的频率。其中活动发生背景包括活动的地点、参与活动的人员、活动的受益人以及活动的动机等；活动持续的时间是指一项活动从开始到结束所经历的时间长度；活动频率是指在一段时间内同一活动出现的次数。例如，一天吃三顿饭，但每顿饭所用的时间可能不尽相同。

（4）活动的时间定位和先后顺序。活动的时间定位指的是活动进行的具体时间，是在哪一年（月、周、日），而活动的顺序是指各项活动之间的先后关系。

2.1.1.3 时间利用统计基本目标

时间利用统计的基本统计目标为估计“平均日”（或“平均周”）内每项活动所花费的时间。这里所称的“平均日”或者“平均周”不是指具体的某一天或者某一周，而是一个平均意义上的具有代表性的时间概念。为达到这一目标，时间利用数据必须是综合的，不仅要涵盖所有可能的活动，而且要充分考虑工作日和休息日之间的差异以及特殊节假日的影响效应，也要考虑不同季节和不同地域空间活动的差异。

2.1.2 时间利用统计中的基本概念

2.1.2.1 时间利用的概念

简言之，时间利用就是人们的时间资源在不同生活活动上的配置。人的一切活动都离不开时间，每个时间点上，每一个时段中总是伴随着某种活动，例如，工作、学习、就餐、做家务、睡觉休息、交友、从事各种体育文化娱乐活动等。人们花费在不同活动上的时间不一而足，在不同活动中人们收获着不同的体验和感觉，有的活动是为了维持生命或者履行义务和责任而必须进行的，如睡觉、吃饭、工作和做家务，有的活动是为了愉悦自己或发展自我进行的，如听音乐、观看文艺演出、游玩等。时间不仅记录着人们的生命历程，也记录着人们的生活形态，生活时间的分配和利用，在一定意义上可以说是对人类社会生活各个侧面的综合反映。从社会整体层面来看，受社会、经济及文化等诸因素的影响，在这些个体差异的背后，生活时间利用又蕴含着一定的群体性时空特征，不同时代的人以及相同时代不同地域的人们有着属于既定时空条件下的共有特征。这就为我们通过对人们生活时间利用和利用状况的研究，反映和了解一定时代背景下人们的生活质量和生命质量提供了条件和客观依据。

2.1.2.2　时间利用的分类

用时间作为一种尺度，来测定人们的生活活动、社会经济现象和过程的方法就是时间利用法，也称为时间预算法。生活时间利用的研究方法主要体现在生活时间相关概念的界定和分类、数据采集以及数据分析三个方面。生活时间的分类根据研究目的和具体划分依据的不同，主要有二分法、三分法、四分法和五分法。基于四分法中明确分离出了休闲时间的概念，契合本书关于休闲需求的研究主题，在此仅介绍四分法下的生活时间组成。所谓四分法，即根据人们对时间需要的不同层次将生活时间分为四部分[①]：第一部分是被人的自然功能所占用的时间，如睡觉和吃饭时间等，称为生活必需时间；第二部分是为家庭承担责任所占用的时间，如洗衣、做饭、室内卫生所需时间等，称为家务劳动时间；第三部分是为社会承担责任所占用的时间，如工作、学习和上下班路途时间等，称为工作（学习）时间；第四部分为个人根据自身喜好自由选择支配的时间，即自由支配时间或闲暇时间，也可称之为休闲时间。本书中对自由可支配时间

① 高敏雪，李静萍．经济社会统计［M］．北京：中国人民大学出版社，2005：231.

统一称为休闲时间。

休闲时间是生活时间的重要组成部分，是指个人可以自由安排的空闲时间，是除了工作时间、家务劳动时间、个人生理必需时间及其他生活必需时间以外的全部时间的总称。休闲时间具有的可自由支配特性，使其为人的全面自由发展提供了一个广阔天地，为满足人的高层次需求创造了条件。因而，休闲时间成为一种衡量社会进步和财富的尺度。马克思早在一百多年前就深刻指出；“衡量财富的尺度将由劳动时间转变为自由时间。因为增加自由时间，即增加使个人得到充分发展的时间。可以自由支配的时间本身就是财富。”经济的发展和科学技术的进步，使人类的物质财富空前繁荣，工作时间逐渐缩短，休闲时间趋于增加，休闲时间正对人类生活发生着深刻的影响。因此，关于如何安排和利用时间，特别是对休闲时间利用的研究，对于改善人们的社会生活质量，促进人类的物质文明和精神文明建设具有重要而深远的意义。

2.2 国外时间利用统计的历史概况

时间利用研究（time-use studies）或者时间预算研究（time-budget research）最初是20世纪初在关于工人阶级家庭生活条件的社会调查中发展起来的。工业发展早期由于工作时间长，来自劳工组织的对缩短工作时间的呼吁使得许多工业化国家开始关注劳动者个人生活中工作和休闲的比例分配问题（Szala，1972）。1920年以后，在英国、一些中央计划经济国家和美国，开展了大量基于时间利用统计数据的研究活动。其中苏联经济学家Stanishlav Strumilin于1924年利用时间利用数据进行政府和社区规划，另一位苏联经济学家G. A. Prudensky于1934年为了进行历史比较，重复进行了该项研究。类似地，美国农业部家庭经济局为了测定新技术对农场家庭主妇时间利用的影响效应，开展了类似的调查研究。除此之外，1939年P. A. Sorokin和C. D. Berger联合进行了人类行为时间预算研究，该项研究为心理和社会动机研究提供了独特的新视角。1944 年 K. Liepmann 出版了《工作之旅》，是一部研究上下班通勤问题和通勤时间长度的专著。在随后进行的研究中研究内容拓展到以下几个方面：一是国民在有偿劳动、家务劳动、个人护理、睡眠和娱乐等方面的时间占用情况；二是不同人群（如产业工人、农场主妇、大学生、失业者等）在日常活动中时间分配情况；三是自由时间的使用，尤其是有关休闲的研究。

尽管对生活时间利用的调查可以追溯至工业革命初期，但生活时间利用成为衡量个人生活质量的指标盛行于第二次世界大战以后。这一时期，因为人们对大众行为的普遍关注及许多国家着手战后重建等原因，对作为国民生活质量综合指标的生活时间的调查得以大力发展，也使得休闲时间的研究真正成为一个学术领域，并逐渐成熟和发展起来，同时成为研究社会、经济和生活质量的一种方法①。

苏联的普鲁登斯基在 1959 ~ 1965 年完成了对 10 万多人的生活时间调查，对工人、技术员、工程师等群体的生活时间结构做了大量细致的分析，为政府有关部门进行人力资源、教育设施、公共服务等的决策论证提供了基础数据。

1961 ~ 1962 年和 1965 年，日本广播电视文化中心（NHK）从设计节目的需要出发，先后两次进行了时间利用调查，以分析日本人看电视、听广播的习惯，以及电视普及对日本人日常生活的影响。1962 年，美国一些学者受某广播公司委托对国民的自由时间进行了专门调查与分析。1963 年，匈牙利中央统计局进行全国性的调查时，分析了社会各阶层的工作和休闲时间利用情况。

1964 年，为了建立国际标准和进行国际比较，由匈牙利社会学家 Alexandre Szalai 组织进行了多国比较时间预算研究项目，该项目包括了来自市场经济和中央计划经济在内的 12 个国家，研究不仅提供了详尽的分析内容，也为之后进行的时间利用研究特别是时间利用的多国比较研究提供了方法论基础。该项研究的分析目标主要集中在两个方面：一方面，研究

① 马惠娣，张景安．中国公众休闲状况调查［M］. 北京：中国经济出版社，2004：8.

和比较那些受到城市化和工业化不同程度影响的城市居民和农村居民的时间分配特征和差异情况；另一方面，建立一个反映不同社会、经济和文化条件下城市居民日常生活特征的多国调查数据库，作为进行跨国比较研究时检验不同方法和假设的基础。分析内容涉及以下方面：一是电视作为大众媒体对人们生活的影响；二是自由时间在不同活动如阅读、看电视和社交等的使用情况；三是社交类型和频率的国际差异；四是对照料孩子花费时间的比较研究，特别是和性别、就业状态、子女数目和年龄、互动方法以及成人休闲等方面相关的研究；五是居住地点和工作地点之间的通勤问题研究；六是城市规划；七是通过研究离婚率与花费在不同活动上的时间（如家庭内休闲时间、家庭外的休闲时间、和家庭成员以及非家庭成员之间共度的休闲时间、和家庭成员及配偶之间的聊天时间）之间的相关关系，来研究婚姻聚合度的特征；八是受教育程度对时间分配的影响；九是技术进步和时间分配变化之间的关系，包括工作时间、工作旅行、家务劳动时间、自由时间和满足生理需要时间的变化和相互关系。

20 世纪 70 年代，许多发展中国家出于发展规划的需要开始进行时间利用研究。这些研究受到新住户经济学理论的鼓励，该理论认为无偿家务劳动具有生产性成分，这一方法中市场生产劳动和住户生产劳动之间的区分是非常重要的。发展中国家进行的大多数时间利用研究主要着眼于两个互相关联的方面，即以新住户经济学作为分析框架，研究住户人力资源特别是妇女和儿童的利用，以及就业、失业和不充分就业衡量方法的改进。

20 世纪 70 年代，为补充国民账户和平衡表而进行的福利计量发展，以及国家和国际两级水平上对于社会和人口统计学的整合工作，使得人们注意到时间利用数据不仅需要国家范围的，而且还要求具有国际统一性和可比性。基于此，时间利用数据被定义为：用以分析住户生产、休闲活动以及某些借助工具的住户活动（如上下班乘坐公共交通）等活动的、重要的非货币性数据。

从那时以来，基于一定人群的时间利用数据开展研究已经成为许多应用领域的研究工具。1979 年联合国统计委员会第 20 次会议有关时间利用统计工作状况报告中指出："时间利用统计数据是在社会、人口统计和相关经济统计领域中，使用共同计量单位，获取用其他方法无法实现的有关人类活动基本描述性数据的共同资源"。

在随后的几十年里，许多国家都开展了时间利用调查。在大多数发达国家，时间利用调查已经成为社会统计不可或缺的一部分，而且进行时间利用调查的国家数目仍在继续增加，1990 年以后至今，已经有 69 个国家开展了该项调查。

萨拉于 1972 年进行的 12 国时间预算比较研究是第一个采用统一的数据收集方法进行的跨民族时间利用研究项目，该项目不仅为以后的时间利用研究奠定了数据采集的框架体系，随后进行的时间利用调查基本都在沿用该体系，而且首开时间利用研究多国比较的先河，为时间利用的跨民族、跨文化研究奠定了基础。1972 年、1973 年、1974 年国际社会学会连续召开了三次会议，讨论了时间利用研究，并于 1981 年 9 月成立了"国际时间利用研究小组"，每 4 年举行一次国际性论文发表会，为直接进行广泛、深入的时间利用国际比较研究提供了交流渠道。此外，一些国际组织也开展了相关研究，例如，联合国国际劳动办公室（ILO）定期收集有关劳动时间和带薪休假的年度数据；2002 ~ 2003 年，欧洲统计联盟汇总统计了 13 个欧洲国家在 1999 ~ 2001 年的时间利用调查数据。英国牛津大学社会学系的 Jonathan Gershuny 教授于 20 世纪 70 年代中期开始多国时间利用研究（MTUS）项目，该项目最初致力于在英国、1965 年萨拉教授所进行的多国时间预算研究以及加拿大和丹麦之间进行时间利用比较研究，之后研究范围不断扩大，越来越多的国家被纳入其中，目前该研究所涉及的数据已经涵盖了来自 25 个国家的 60 多个数据集，包括了最新的欧盟时间利用调查数据和美国以及加拿大的时间利用调查数据，详见表 2 - 1。从中可以看出，进入 20 世纪 90 年代以来，时间利用调查研究得到了越来越多国家的重视，许多国家甚至开展定期时间利用调查，例如，荷兰、英国基本是 5 年一次，而美国从 2003 年开始每年都要进行国民时间利用调查。

表 2-1　　2013 年多国时间利用研究（MTUS）所包括的生活时间利用调查一览

序号	国家	时间利用调查年份
1	澳大利亚	1974，1987，1992，1997，2006
2	奥地利	1992
3	比利时	1966
4	保加利亚	1988
5	加拿大	1971~1972，1981，1986，1992，1998
6	丹麦	1964，1987，2001
7	芬兰	1979，1987~1988，1999~2000
8	法国	1966，1974~1975，1998~1999
9	德国	1965~1966，1991~1992，2001~2002
10	匈牙利	1965，1976~1977
11	以色列	1991~1992
12	意大利	1979~1980，1989，2002~2003
13	韩国	2009
14	荷兰	1975，1980，1985，1990，1995，2000，2005
15	挪威	1971~1972，1980~1981，1990~1991，2000~2001
16	斯洛文尼亚	1965，2000~2001
17	南非	2000
18	西班牙	1992~1993，1997~1998，2002~2003，2008，2009~2010
19	瑞典	1990~1991，2000~2001
20	英国	1961，1974~1975，1983~1984，1987，1995，2000~2001，2005
21	美国	1965~1966，1975~1976，1985，1992~1994，1994~1995，1998~2001，2003~2012

跨国时间利用比较研究催生了对不同国家之间进行经验交流的需要以

及对概念、研究方法和结果汇总等方面的统一性和可比性要求。1996 ~ 1997 年，欧洲统计局在试点研究的基础上完成了《欧共体时间利用调查指南》（HETUS），对抽样设计、日记时间选择、调查表、活动编码表、访问方法、数据编码以及估计量设计等方面提出具体的建议。2008 年对这一指南进行了修订，提出了一整套建议，包括了调查设计、结果处理和活动分类等方面和步骤。绝大多数从 20 世纪 90 年代以来开展时间利用调查研究的欧洲国家统计局（NSO）在采用这一指南，目前 15 个欧洲国家（包括比利时、保加利亚、爱沙尼亚、芬兰、法国、德国、意大利、拉脱维亚、立陶宛、挪威、波兰、斯洛文尼亚、西班牙、瑞典和英国）的时间利用数据是可比的或者基本可比的，在欧洲委员会的资助下，瑞典和芬兰统计局开发了一个有关欧共体时间利用研究（HETUS）的网站，作为一个用户自定义开发 15 国数据的在线工具。

2005 年，联合国统计署出版了《时间利用统计指南：对有偿工作和无偿工作的度量》，该指南概括了时间利用调查设计和时间利用数据开发利用中的不同方法。这一指南的宗旨在于建议各国如何开展时间利用调查，以及为了更广泛的国际比较而尽可能采用统一的方法。但是并没有提供规范性指南，而是着重讨论了已完成调查的经验教训、不同方法的利弊得失。该指南中还包括了 1997 年提出的《国际时间利用统计活动分类试用办法》，2012 年联合国专家组曾开会讨论了这个分类办法的修订事宜，目前有关这一分类办法的升级还在进行中。

2010 年 11 月，欧洲统计学家联盟基于德国联邦统计局提交的一篇论文以及来自 22 个国家和组织的评论和建议，开展了一次关于时间利用调查的深入讨论。这项讨论强调了提高不同国家时间利用调查可比性的需要以及进一步开发可操作性指南的重要性。需要指出的是，许多国家统计部门由于预算的限制，更关心进行时间利用调查所需要的法律框架和财政手段，已有时间利用调查的成功经验，特别是在简易时间日记的使用和为制定政策而进行的时间利用数据开发方面的成功经验，会帮助国家机构促进这项复杂而耗费资源的调查。一个好的、具有可操行的、实用的指南应该给各个国家的统计部门提供这些实践经验。这项讨论最终促成了联合国欧洲经济委员会时间利用调查工作小组的成立，该小组经过近三年的努力，最终于2013年10月完成了《时间利用调查统一指南》。该指南的主要目的：首先，帮助统计学家和政策制定者理解时间利用调查的重要性；其次，为时间利用调查设计和执行提供指导；最后，提高时间利用调查的国际可比性。

可见，时间利用调查作为一种调查方法受到了各国政府、学者和有关国际组织的普遍青睐。“这种方法仿佛是一台可以对社会进行观察的显微镜，能够帮助我们观察到日常生活中平时令人难以察觉的各个侧面”①。正因为如此，将其应用到不同领域的尝试一直在进行着。时间利用调查作为不断成熟和实用的方法已经被应用在若干领域，如城市公共服务规划、经济发展规划甚至经济增长效率的评价中。

2.3 美国时间利用统计的历史概况

美国的时间利用调查始于1965年，迄今已经有50多年的历史，最初30年调查周期为10年，进入20世纪90年代后调查频率加大，调查间隔缩短，进入21世纪以后，特别是2003年之后直接将时间利用调查制度化为逐月逐年调查，积累了非常丰富的时间利用数据资源。纵观这些调查（见表2-2），尽管调查目的、调查范围、调查内容和调查方法手段不尽相同，但在调查工具的设计上一直体现着一种发展与继承相随的风格，发展体现着经济、社会和科技发展映射在人们生活上的新变化，而继承则体现着不同时代人们生活特征的延续，也为生活时间利用的历史比较提供了基础。

① 马惠娣，张景安．中国公众休闲状况调查［M］．北京：中国经济出版社，2004：9.

表2-2 美国时间利用调查情况

序号	调查年份	调查目的	调查对象	样本条件	登记时间	周样本日	活动记录时间
1	1965~1966	12国时间利用比较研究	全美19~65岁的在业人口（不包括全家都是农民的家庭）	年龄在19~65岁，且一个家庭只限一人（阿拉斯加、夏威夷和一些小的农村地区不包括其中）	1965年11月15日~12月15日 1966年1月1日~2月18日，3月7日~5月20日	2/7的日记用于休息日，5/7的日记用于工作日	两阶段跨日法，采用留置日记的方法
2	1975~1976	国民核算和时间利用的变化	全美国成年人口	18岁及以上，家庭户调查一个人及其配偶	调查分四次完成： 第一次，1975年10月9日~11月22日 第二次，1976年2月6日~3月28日 第三次，1976年5月2日~7月19日 第四次，1976年9月4日~10月26日	对每一个被调查者收集一个周六、一个周日和两个工作日的时间日记	日记覆盖每一天的24小时
3	1985	考察生活时间利用情况，数据收集采用了邮寄、电话访问和面访的方式	全美人口，且不住校的中学生及以上年龄人口	10岁以上的居住在家的人口（阿拉斯加、夏威夷和一些小的农村地区不包括其中）	1985年全年	电话约定后的邮寄调查	记录连续每周中特定日的时间利用

续表

序号	调查年份	调查目的	调查对象	样本条件	登记时间	周样本日	活动记录时间
4	1992～1994	研究时间利用分配情况	居住在私人住宅的人口	具有电话的样本私人家庭户的任意一位（阿拉斯加和夏威夷排除在外）	1992年9月～1994年10月	调查周的所有7天，电话访问	日记覆盖每一天的24小时
5	1994～1995	研究生活时间利用和活动参与情况，调查增加了一些在1992～1994年调查中没有涉及的背景变量	全美居住在私人住宅的成年人	18岁及以上（阿拉斯加、夏威夷和一些小的州不在其中）	1994年7月～1995年7月	调查周中7天，电话访问	日记覆盖每天24小时
6	1998～1999和2000～2001	测定全美社会资本和生活质量；测定父母们如何平衡工作和生活	全美居住在私人住宅的成年人，其中的一个调查只是针对父母进行的	18岁及以上，第二个调查只包括年龄小于18岁的孩子的父母亲	全国样本：1998年3月～1999年12月；父母样本：1999年5月～2000年6月，少量日记完成于2001年春天	调查周的7天	日记覆盖每天24小时
7	2003～2012	人口普查的子样本，国民核算研究	全美人口（居住在军事基地和公共机构的人除外）	家庭户中一位年龄在15岁及以上的成员	每个月进行一次数据收集，每年发布一次数据	1/2日记记录工作日，1/2日记记录休息日	日记覆盖每天24小时

资料来源：American Heritage Time Use Study（AHTUS）codebook，Kimberly Fisher，Evrim Altintas and Jonathan Gershuny（University of Oxford，UK），26th Jan，2014。

1965～1966年，在美国国家科学基金的资助下，密歇根大学调查研究中心和哈佛大学社会关系系组织进行了时间预算比较研究。调查样本仅限于年龄在19～65岁的人群，而且要求家庭中至少要有一个成年人是工人。只要求样本家庭中的一个成员完成日记填写。原始研究中收集了两个样本，一个来自密歇根杰克逊市及密歇根周边的农村地区（采用的是萨拉的抽样方法）；另一个大的样本来自全国44个主要城市的普查区域。

1975～1976年，在国家科学基金和美国健康、教育和福利部门的资助下，密歇根大学的调查研究中心设计并组织了美国时间利用调查：经济和社会账户的时间利用。该调查旨在获取全国住户样本，一个样本家庭只调查一人，夫妻中的一人被选为日记填报者时，配偶也会被要求完成一个简化版的日记以及问卷。这项研究追踪了样本一年中四个季节特定周每天的数据。因为调查跨时较长，由访问对象搬家等原因造成的个体损失率很高，第二轮调查和首轮调查的个体损失率为25%，第三轮调查和第二轮调查之间的个体损失率为8%，第三和第四轮的损失率为1%。

1985年，在美国国家科学基金的资助下，密歇根大学的调查研究中心进行了美国人时间利用调查，该项调查也同时旨在比较自我完成邮寄访问、电话访问和面访进行日记收集的差异。调查样本为全国具有电话的住户样本，采用邮寄方式访问的样本是年龄大于10岁的家庭成员，而其他方式访问下只采集一个家庭成员的日记数据。

1992～1994年，为了给环境保护部门提供反映环境污染物的相关数据，马里兰大学的调查研究中心进行了国民活动方式调查（NHAPS）。该项调查的对象包括了所有年龄段的人，小孩子的日记由父母代为填写，但是关于婚姻和收入方面的信息没有提及。调查样本是通过随机拨打电话产生的。该项调查还收集了有关人类暴露于吸烟、阳光、化学物和污染物方面的信息。和之前的调查相比，本次调查收集的有关被访对象的个人信息是非常有限的，只有主要活动，没有次要活动。

1994～1995年，由马里兰大学的调查研究中心进行了国民时间预算研究（国民活动方式调查的扩展和延伸），这项调查只收集了成人补充信息，因为原始调查中只有一项使用计算机的活动编码，但这一次的调查收集了更多的个人信息，还包括了婚姻状态和家庭收入有关信息，继续沿用 NHAPS 的方法和日记编码规则。

1998～2001 年，马里兰大学调查研究中心进行了两个小规模的调查。一个是在国家科学基金的资助下的小规模连续州样本，于 1998～1999 年进行的家庭互动、社会资本和时间利用趋势研究；另一个则是在斯洛安基金资助下于 1999～2001 年完成的全国父母亲调查。1998～1999 年和 1999～2001 年的相关调查均使用了随机拨打和电话访问一户一个人的日记采集方式。1998～1999 年的调查对象为 18 岁及以上的人，1999～2001 年的调查对象为有 18 岁以下孩子的父母。两项调查的日记是相似的，都是从午夜开始，从主要活动到次要活动，活动地点以及和谁一起活动。

2003～2012 年，在美国劳动统计局的资助和协助下，美国普查局进行了美国人时间利用调查（ATUS）。该项调查是在刚完成的人口调查总体中选取子样本进行时间日记的收集，调查单位为家庭户子样本中一位年龄在 15 岁及以上的家庭成员。这些数据的收集有利于进行国民账户核算以及对住户时间数据进行纵向分析。这项调查是第一次持续地按年进行的调查，2003 年，每个月的调查样本人数超过 3000 人。在随后的几年中，由于预算减少调查人数减少了 35%。一半的日记用来收集工作日的情况，一半用来收集周末休息日的情况。2006～2008 年，ATUS 在美国农业部的资助下，又增加了有关吃饭、食品购买、健康补充等方面的调查内容。

2.4 我国时间利用统计历史概况

2.4.1 我国时间利用统计历史

我国的时间利用研究起步较晚，开始于 20 世纪 80 年代。1980～1981

年，当时黑龙江社科院的王雅林等人，在哈尔滨和齐齐哈尔两市采用时间预算法对城市职工的时间利用和休闲生活状况进行了国内首次大型问卷调查，1988 年又对包括哈尔滨在内的黑龙江省 9 个市镇采用同样的方法实施了样本量为 1000 人的生活时间利用调查，并对两次调查资料做了动态比较。在前期调查的基础上，于 1992 年出版了《闲暇社会学》，该书成为中国休闲时间研究的奠基之作。1998 年王雅林等人在福特基金会的资助下，在上海、天津和哈尔滨 3 个大城市再次进行城市居民生活时间利用调查。其中哈尔滨和上海的调查样本为当地统计机构的常年观察样本，天津采用的则是研究者自己建立的常年观察样本。

1987 年，中国人民大学王琪延教授组织了生活时间利用研究课题组，并于当年进行了北京市居民生活时间利用调查。之后，该调查被列为北京市哲学社会科学“八五（国民生活研究）”规划和“九五（社会生活研究）”规划项目，每 5 年进行一次。1997 年该课题组将调查范围拓展到全国 40 个城市，样本容量达到 6000 人。距离本课题研究最近的北京市居民生活时间利用调查是 2011 年 5 月完成的。

1987～1988 年，上海社会科学院社会学研究所的卢汉龙、孙慧民等人对上海进行了生活时间利用调查，天津社会科学院潘允康等人对天津进行了调查。1992 年、1995 年、1997 年及 1998 年，北京大学时间地理学研究小组先后对兰州、大连、天津、深圳实施了生活时间利用调查，2001 年，由中国艺术研究院中国文化研究所承担、马惠娣主持的文化部重点课题“我国公众休闲时间文化精神生活状况的调查与研究”，对北京、天津、哈尔滨、上海等城市“在业者”、“非在业者”、“青少年”和“老年人”四个群体的休闲时间利用状况进行了调查。

2008 年 5 月国家统计局社会科技司在北京、河北、黑龙江、浙江、安徽、河南、广东、四川、云南和甘肃 10 个省、市开展了时间利用调查，调查样本涉及 16661 个家庭户，实际调查人数为 37142 人，是我国迄今为止进行的第一次大规模的有官方统计部门进行的时间利用调查。

2011 年，中国科学技术发展战略研究院科技与社会发展研究所在全国 494 个调查站点对 10285 名科技工作者进行的时间利用状况调查。

以上是迄今在我国进行的较有影响力的专门的时间利用统计调查。除此之外，还有不少学者基于各自的研究需要组织了时间利用调查，这些调查大多是针对特定地域居民或者某一类人群开展的时间利用调查，调查规模往往不大。例如，2008 年在烟台市统计局的协助下，山东工商学院统计学院时间利用研究小组在烟台完成了样本量为 572 人的城市在业人口生活时间利用状况调查。由于这类调查数量众多，规模小、影响力相对较小，在此不再一一赘述。

以上这些专门的时间利用调查虽然调查范围和调查规模有较大差异，但在调查内容框架上有较大的相似性。除了这些调查之外，还有一些出于其他目的和主题的调查也涉及有关时间利用方面的调查内容。例如，2012 年北京大学行为地理学研究小组在北京上地—清河地区实施了北京居民日常活动与交通出行调查，其中涉及居民生活时间分配的调查内容。2013 年，宋瑞依托国家旅游局课题资助，委托零点集团下属的零点指标数据公司，采用多阶段分层随机抽样，完成了对全国 31 个省市的“中国国民休闲状况调查”，调查变量包括了人口统计变量、休闲活动参与变量和生活满意度变量等。1990 年、2000 年、2010 年由全国妇联和国家统计局组织进行的“中国妇女社会地位调查”，也涉及妇女时间利用的调查。从 2008 年开始，由北京大学中国社会科学调查中心按年度组织的“中国家庭追踪调查”（CFPS）项目，其中涉及时间利用调查内容。

2.4.2 时间利用研究成果概况

从研究成果来看，前面提到的王雅林教授在 1992 年出版的《闲暇社会学》，中国人民大学的王琪延教授在对北京等城市进行时间利用调查研究的基础上，于 1996 年、1999 年、2000 年先后出版了《国民生活研究》、《城市居民生活时间分配》和《中国人的生活时间分配》三本书。以上这些研究成果是国内目前已有的、比较系统的生活时间利用研究成果，从研究框架、研究方法特别是对调查资料的统计分析方面为其他学者提供了重要的可资借鉴的范例。2004 年由马惠娣、张景安联合主编的《中国公众休闲状况调查》一书，是 2001 年文化部重点课题“我国公众休闲时间文化精神生活状况的调查与研究”的结项之作。该书虽然没有在研究方法上取得更多新的突破，而是对包括王雅林、王琪延在内的诸多学者在生活时间利用和休闲生活状况研究的一次整合，但却为我们从闲暇角度了解公众文化精神生活提供了比较系统的实证依据。2010 年，白日荣在烟台城市在业人口生活时间利用调查的基础上，出版了《城市公共休闲统计调查研究》一书，为描述中小城市居民生活时间利用及休闲生活状况的统计特征进行的一次有意义的探索。

相比其他主题的研究成果，国内有关时间利用研究的学术期刊论文并不多，但近几年有增加的趋势。从现有的研究内容来看，可大致分为两类，一类为有关时间利用研究的综述类文章，介绍国内外有关生活时间利用研究的历史和现状，例如，柴彦威等（1999）的“生活时间调查研究回顾与展望”，王琪延（2000）“国民时间资产和闲暇活动核算研究”，梁明琳等（2006）“国内近十年休闲研究进展”，蔡玲等（2008）“居民闲暇生活研究述评”，石利霖（2013）“美国时间利用调查一查到底”，李振堂（2013）的“休闲经济背景下我国闲暇问题研究进展”，蒋萍、马雪娇（2014）“大数据背景下中国时间利用调查方案的改革和完善”。另一类是有关时间利用状况的文章，这类文章的特点是基于某项时间利用调查或者相关调查所得数据进行的实证研究。例如，基于北京市居民生活时间利用调查数据，王琪延教授于 1988 年之后相继发表了一系列反映北京市居民时间利用和休闲生活状况的学术论文，其中 2013 年，依据 2011 年北京市居民生活时间利用调查数据，对北京市民出行时间进行了研究；郭茜（2010）利用 2006 年北京居民时间利用调查数据进行的城市居民休闲需求发展趋势研究，并于 2013 年利用这一调查数据，基于扩展线性支出系统进行了休闲需求统计分析；基于 2008 年中国第一次居民时间利用调查数据，薛东前等（2013）进行了中国、美国、日本和新西兰四国居民生活时间利用比较研究，贾旭东（2013）考察分析了我国老年人群体的文化活动及其结构，韩中（2014）从住户无偿服务生产时间投入的视角对我国住户无偿服务生产的差异进行研究，基于2008中国居民生活时间利用调查数据和欧盟统计局2000~2001年时间利用调查数据，陈雯、江立华（2015）比较研究了中国老年人的生活状况；基于2011年全国科技工作者时间利用调查数据，朱依娜、卢阳旭（2014）以高校教师为研究对象，探讨性别、婚姻家庭状况与时间分配的关系，薛品（2015）分析了我国科研人员时间分配状况与生活满意度的关系；基于中国家庭动态调查2009年微观调查数据，刘娜（2013）全面考察了家庭非劳动收入及其子项对我国居民家务时间、休闲时间、工作时间分配的影响，基于中国家庭动态调查2010年数据，李骁天、邢晓燕、王凯珍（2014）研究了中国城乡居民休闲活动参与时间的年龄世代特征；基于“中国妇女社会地位调查”数据，杨菊花（2014）系统描述了1990~2010年两性时间利用的变动趋势、现状及特点；基于“中国国民休闲调查”数据，宋瑞（2014）利用结构方程模型，对休闲时间、收入、休闲活动参与、休闲消费支出与生活满意度之间的关系进行了实证研究；基于1995~2010年大学生休闲时间分配研究文献，刘青秀（2012）研究了大学生休闲时间分配特点、问题及原因；基于2012年北京市居民日常活动与交通出行调查数据，陈梓烽、柴彦威（2014）进行了城市居民非工作活动的家内外时间分配及影响因素分析；基于杭州市城市居民的问卷调查和统计分析，宋子千、蒋艳（2014）分析总结了杭州市居民的居民休闲时间总体状况和基本特征；基于常州居民的休闲满意度调查数据，刘松、马静卿（2014）进行了城市居民休闲生活满意度实证研究；基于对天津市民的时间日记法调查数据，吴文汐（2014）从时间配置角度探索互联网对城市居民日常生活的影响；等等。

由此可见，关于时间利用统计研究的学术成果有日趋丰富的趋势，从研究方法上来看，从先前的定性理论分析和简单描述统计分析，正逐步过渡到深入的统计量化分析。基于丰富的时间利用微观调查数据，传统的多元回归分析、logistic 回归分析、因子分析以及结构方程模型分析等统计分析技术，越来越多地出现在近几年的研究文献中。不同学科背景的研究者从不同的学科视角出发，或从经济的视角、或从社会学的视角、或从旅游地理学等不同的学科视角，在不同的理论指导下根据时间利用统计资料进行深入的挖掘和分析，来探究人们的时间分配状况。这些研究进一步丰富了我国时间利用研究的学术成果，对后人的相关研究具有重要参考价值。

2.4.3　存在的问题和不足

总的来讲，我国有关时间利用的统计研究仍停留在较低水平，具体表现在以下几个方面：

第一，时间利用调查启动较晚，数据资料积累时间短，数据资料的开放性较差。从国家层面上来看，国家统计局组织的第一次大规模时间利用调查完成于 2008 年，和发达国家相比，这一时间明显滞后，缺乏长期动态可比资料。相对国家层面的统计调查，民间和学术团体组织的针对某一地域空间的时间利用调查要多一些，也有一定的积累，例如，中国人民大学休闲研究中心组织的北京市居民生活时间利用调查开始于 1987 年，每 5 年进行一次，到目前为止已经完成了 6 次调查，为研究北京市居民时间利用状况积累了非常宝贵的数据资料。但是，从调查的权威性、调查规模和调查实施的可操作和可行性来看，政府统计部门相关调查所具有的优势是其他机构调查所无法比拟的。另一个事实是，无论是国家层面的数据还是其他机构的数据，其对外开放程度都是十分有限的，数据资料的可获得性较差。2008 年国家统计局进行的时间利用调查对外公布的仅限于汇总数据，其他机构数据除了 CFPS 数据可以免费申请使用外，其余数据的使用均受到诸多限制，特别是个别学术团体所做的相关调查并不对外开放，或者只能有偿使用。

第二，时间利用调查的规范性欠缺，不同主题的时间利用调查数据可比性受限。目前已有的调查中，除国家统计局公布了 2008 年时间利用调查的详细调查设计方案外，其余见诸文献的调查仅限于研究结果，其调查方案如何，包括调查活动分类、调查参考期长短的选择、调查内容的度量方式选择等，都不得而知，不同调查数据之间的可比性有待于验证。

第三，时间利用调查数据的开发利用不够，政策咨询效应不显著。时间利用微观调查数据犹如一座矿藏，蕴含着丰富的人类活动信息，如何挖掘这些信息，更好地发现人类活动的规律性特征，以便更好地服务于决策、规划，发挥调查对经济生活和管理实践的政策效应，是进行时间利用调查的根本目的。从目前已有的研究成果来看，无论是数量还是质量，对时间利用调查数据的开发还远远不足。从研究的技术来看，绝大部分研究停留在简单的描述统计层面上，对数据的深度挖掘还有待于加强。所以，扩大数据的开放性，吸引更多的研究者加入到时间利用研究队伍中来，促进跨学科交流协作，对于促进时间利用调查数据的开发利用大有裨益。

第 3 章　时间利用调查方法及应用

生活时间利用的调查方法主要有四种，即时间日记法、昨日面访法、观察法、日记和昨日面访综合法。第一，时间日记法，即由被调查者按照时间先后顺序，记录自己一天 24 小时（或更长时间）的活动，然后对时间日记进行整理和分析的方法。应用这种方法，调查者一般需要向被调查者提供日记表（或日记卡）和标准化分类活动项目，以及日记记载范例。时间日记法的缺点是，记录的详细程度因人而异，职业不同、文化程度不同等也会引起对指标的理解不同。第二，昨日面访法，是在调查日的次日，由调查者对被调查者进行面访，由调查员对被调查者昨天的生活活动按时间顺序进行整理，根据访谈结果逐项填入调查表。昨日面访法与日记法相比，由于是调查者记入，对于活动项目的理解具有统一性。但是，由于昨日面访法是建立在对昨日活动回忆基础上的调查，容易受到记忆准确性的影响。前述两种方法都是根据被调查者的主观报告进行的调查。第三，观察法，则是根据调查员对被调查者活动的观察记入调查表的方法。该种方法从成本和隐私的角度考虑，使用的范围会受到一定程度上的限制，调查者不可能对被调查者进行 24 小时观察，只能在一些特殊领域使用该方法，例如，在对工作活动的调查时适合采用该方法。第四，日记和昨日面访综合法，指的是将日记法和昨日面访法结合应用的方法，实际上就是日记留置和面访校对相结合的方法，这样可以对被调查者所记录的活动内容进行核对，有利于提高资料的客观性和准确性。四种方法各有利弊，其中，时间日记法是目前国际上最常使用的时间利用调查方法。

3.1 时间日记法

时间日记法，也叫时间日志法或者时间预算法，即采用时间日记或者结构化问卷的形式，记录访问对象某一天或者某一段时间全部活动的时间占用情况，以完成对被访对象生活时间利用状况的测定。

利用时间日记法进行时间利用测量，不仅包括活动的时间信息，还包括和活动相关联的其他信息。具体来讲，通常包括六个层次的事项：第一，活动内容。即一定时间周期（如一天、一周、一个月、一年等）何人、何群体，从事某种活动（如吃饭、睡眠、工作、开会、看电视等）。第二，活动顺序。即在何时进行某种活动，该活动是在什么活动之前，在什么活动之后进行的。第三，活动时间量。即从事某种活动所占用时间的长短。第四，活动频率。即在一定的时间周期内（如一天、一周、一个月、一年等）从事某项活动的次数，包括两层含义：一层含义是指在一定时间区间内或在某一时间点上参加某项活动的人数占总体的百分比，另一层含义则指在一定时间区间内，某个人或群体参加某项活动的次数或平均次数。第五，活动空间，即在何处、利用何设施从事某种活动。第六，活动伙伴，即跟谁一起进行某种活动。实际上，也就是对在什么地方、跟谁、从事了什么活动、从什么时间开始、用了多少时间等事项进行测量。从测量的内容可以看出，时间是人类活动范围、内容、空间的最为完整客观的表述，因此时间可以成为测定人类生活活动以至社会经济现象和过程的一种尺度。时间利用法作为一种研究人们生活时间利用的系统方法自20世纪50年代以后被广泛地运用于社会学、时间空间地理学、城市科学等领域，已经成为研究不同社会、不同人群生活活动的传统方法。

时间日记法的一项重要基础工作就是调查设计，包括调查工具即调查表的设计、活动分类和抽样设计等问题。作为一项从时间维度衡量人们生活状况的调查方法，时间利用调查既有作为一般社会调查的共性，也有其区别于其他社会调查的个性和特殊性。本书将主要着眼于时间利用调查方法的特殊性展开讨论，具体包括调查表设计、活动分类及编码和抽样设计三个方面的内容。

3.2　时间利用调查工具

3.2.1　时间日记

时间日记，通俗地来理解，就是一个人在一定时间段内按照时间的先后顺序进行各项活动的记录，记录内容包括从何时开始到何时结束、进行何种活动、和谁在一起、在什么地方等特征。按照记录的详尽程度和具体记录方法的不同，可以把时间日记分为全时日记和简易日记两种类型。

3.2.1.1　全时日记

所谓全时（full-scale）日记，就是由访问对象按照时间的先后顺序报告一天 24 小时从开始到结束所进行的各项活动、每项活动的开始和结束时间，以及和活动相关联的其他信息如和谁在一起、在什么地方等信息。利用全时日记，可以收集到更广泛的背景资料以及更精准的活动数据，采用全时日记记录的活动通常采用事后编码的方式。美国目前的时间利用调查采用全时日记形式，我国 2008 年进行的第一次居民时间利用调查也采用全时日记形式。全时日记的可选样式见表 3－1，该表对活动时间的间隔没有任何事先的限定，被访对象只需根据实际情况如实填写，有时全时日记在设计时可以预先按固定的间隔将时间划分为不同的时间段，如我国 2008 年的日记表，见表 3－2，正是采用了固定间隔为 10 分钟的形式，记录从前一天上午 4 点钟到后一天上午 4 点钟连续 24 小时内的活动情况。

在这种情况下，每一横行对应于一个时间间隔，实际记录时将活动写在近似开始时间的数字的右方，如果活动持续时间长于一个时间间隔，则需要设计一种符号表明这一点，例如，可以画一个向下的箭头一直画至近似结束的时间。2006 年澳大利亚的时间利用调查采用了类似的形式，区别在于时间间隔为 5 分钟，记录是从前一天上午 6 点钟到后一天上午 6 点钟连续 24 小时内的活动情况。

表 3 – 1　　全时日记可选样表（不限定时间间隔的情形）

开始时间	结束时间	1	2	3	4	备注
		您在做什么？（请记录所有活动，即使它们仅持续数分钟）	您在何处？	您和谁在一起？	您同时还做什么？	

3.2.1.2　简易日记

简易（light）日记的名称是在联合国指南中定义的，其中的活动种类是事先定义好的，访问对象只需从活动列表中选择自己正在进行的活动，报告每一项活动发生和结束的时间即可，这种情况下一天 24 小时是由可辨识的活动种类来解释的。采用简易日记的主要原因是尽可能减轻访问对象负担的同时，能够在最有限的时间里获取最低水平的时间利用数据。简

表 3-2　　中国 2008 年居民生活时间利用日记（固定间隔的情形）

天色	时间段	您正在做什么？（指正在从事的主要活动，请用文字具体描述）	从事主要活动时您在哪里？（在表下活动地点中选填地点代码，如是交通活动，选填交通方式代码）	您同时还在做什么？（指从事主要活动时，您还在做的次要活动，请用文字具体描述）	主要活动开始时您和谁在一起（划“√”标出，第5~第8列可同时多选）				
					独自一人或与陌生人	家人			其他相识的人
						0~6岁	7~64岁	65岁及以上	
甲	乙	1	2	3	4	5	6	7	8
	4：00~4：10								
	4：10~4：20								
	……								
	……								
	至次日								
	3：50~4：00								

注：活动地点：1. 住所内（含他人住所）；2. 工作或学习场所；3. 大街、公园等公共场所；4. 银行、商店、邮局、医院、宾馆等公共服务场所；5. 餐馆、酒吧、茶馆、快餐店等餐饮场所；6. 电影院、歌舞厅、网吧、体育场馆等文体娱乐场所；7. 其他场所。

交通方式：8. 步行；9. 乘骑自行（摩托）车；10. 乘公共交通工具；11. 乘驾小轿车；12. 乘驾其他机动车；13. 乘驾牛、马车等畜力车；14. 其他交通方式。

表 3－3 简易时间日记表可选式样

活动种类		午前												午后													合计 时：分
		0	1	2	3	4	5	6	7	8	9	10	11	12	13	14	15	16	17	18	19	20	21	22	23	24	
一、工作（学习）时间和通勤（通学）时间	1. 制度内工作（学习）时间	123456	123456	123456	123456	123456	123456	123456	123456	123456	123456	123456	123456	123456	123456	123456	123456	123456	123456	123456	123456	123456	123456	123456	123456	123456	
	2. 加班（课）加点工作时间	123456	123456	123456	123456	123456	123456	123456	123456	123456	123456	123456	123456	123456	123456	123456	123456	123456	123456	123456	123456	123456	123456	123456	123456	123456	
	3. 其他工作（学习）时间	123456	123456	123456	123456	123456	123456	123456	123456	123456	123456	123456	123456	123456	123456	123456	123456	123456	123456	123456	123456	123456	123456	123456	123456	123456	
	4. 上下班（学）路途时间	123456	123456	123456	123456	123456	123456	123456	123456	123456	123456	123456	123456	123456	123456	123456	123456	123456	123456	123456	123456	123456	123456	123456	123456	123456	
二、个人生活必需时间	5. 睡眠	123456	123456	123456	123456	123456	123456	123456	123456	123456	123456	123456	123456	123456	123456	123456	123456	123456	123456	123456	123456	123456	123456	123456	123456	123456	
	6. 用餐	123456	123456	123456	123456	123456	123456	123456	123456	123456	123456	123456	123456	123456	123456	123456	123456	123456	123456	123456	123456	123456	123456	123456	123456	123456	
	7. 个人卫生	123456	123456	123456	123456	123456	123456	123456	123456	123456	123456	123456	123456	123456	123456	123456	123456	123456	123456	123456	123456	123456	123456	123456	123456	123456	
	8. 就医保健	123456	123456	123456	123456	123456	123456	123456	123456	123456	123456	123456	123456	123456	123456	123456	123456	123456	123456	123456	123456	123456	123456	123456	123456	123456	
	9. 其他生活必需时间	123456	123456	123456	123456	123456	123456	123456	123456	123456	123456	123456	123456	123456	123456	123456	123456	123456	123456	123456	123456	123456	123456	123456	123456	123456	
三、家务劳动时间	10. 购买商品	123456	123456	123456	123456	123456	123456	123456	123456	123456	123456	123456	123456	123456	123456	123456	123456	123456	123456	123456	123456	123456	123456	123456	123456	123456	
	11. 做饭	123456	123456	123456	123456	123456	123456	123456	123456	123456	123456	123456	123456	123456	123456	123456	123456	123456	123456	123456	123456	123456	123456	123456	123456	123456	
	12. 洗衣物	123456	123456	123456	123456	123456	123456	123456	123456	123456	123456	123456	123456	123456	123456	123456	123456	123456	123456	123456	123456	123456	123456	123456	123456	123456	
	13. 照料孩子和老人	123456	123456	123456	123456	123456	123456	123456	123456	123456	123456	123456	123456	123456	123456	123456	123456	123456	123456	123456	123456	123456	123456	123456	123456	123456	
	14. 其他家务劳动时间	123456	123456	123456	123456	123456	123456	123456	123456	123456	123456	123456	123456	123456	123456	123456	123456	123456	123456	123456	123456	123456	123456	123456	123456	123456	
四、自由支配时间	15. 学习文化科学知识	123456	123456	123456	123456	123456	123456	123456	123456	123456	123456	123456	123456	123456	123456	123456	123456	123456	123456	123456	123456	123456	123456	123456	123456	123456	
	16. 阅读报纸	123456	123456	123456	123456	123456	123456	123456	123456	123456	123456	123456	123456	123456	123456	123456	123456	123456	123456	123456	123456	123456	123456	123456	123456	123456	
	17. 阅读书刊	123456	123456	123456	123456	123456	123456	123456	123456	123456	123456	123456	123456	123456	123456	123456	123456	123456	123456	123456	123456	123456	123456	123456	123456	123456	

续表

活动种类		午前												午后													合计 时：分
		0	1	2	3	4	5	6	7	8	9	10	11	12	13	14	15	16	17	18	19	20	21	22	23	24	
四、自由支配时间	18. 看电视	123456	123456	123456	123456	123456	123456	123456	123456	123456	123456	123456	123456	123456	123456	123456	123456	123456	123456	123456	123456	123456	123456	123456	123456	123456	
	19. 听广播	123456	123456	123456	123456	123456	123456	123456	123456	123456	123456	123456	123456	123456	123456	123456	123456	123456	123456	123456	123456	123456	123456	123456	123456	123456	
	20. 观看影剧文体表演	123456	123456	123456	123456	123456	123456	123456	123456	123456	123456	123456	123456	123456	123456	123456	123456	123456	123456	123456	123456	123456	123456	123456	123456	123456	
	21. 观看各种展览	123456	123456	123456	123456	123456	123456	123456	123456	123456	123456	123456	123456	123456	123456	123456	123456	123456	123456	123456	123456	123456	123456	123456	123456	123456	
	22. 游园散步	123456	123456	123456	123456	123456	123456	123456	123456	123456	123456	123456	123456	123456	123456	123456	123456	123456	123456	123456	123456	123456	123456	123456	123456	123456	
	23. 其他娱乐	123456	123456	123456	123456	123456	123456	123456	123456	123456	123456	123456	123456	123456	123456	123456	123456	123456	123456	123456	123456	123456	123456	123456	123456	123456	
	24. 体育锻炼	123456	123456	123456	123456	123456	123456	123456	123456	123456	123456	123456	123456	123456	123456	123456	123456	123456	123456	123456	123456	123456	123456	123456	123456	123456	
	25. 休息	123456	123456	123456	123456	123456	123456	123456	123456	123456	123456	123456	123456	123456	123456	123456	123456	123456	123456	123456	123456	123456	123456	123456	123456	123456	
	26. 教育子女	123456	123456	123456	123456	123456	123456	123456	123456	123456	123456	123456	123456	123456	123456	123456	123456	123456	123456	123456	123456	123456	123456	123456	123456	123456	
	27. 公益活动	123456	123456	123456	123456	123456	123456	123456	123456	123456	123456	123456	123456	123456	123456	123456	123456	123456	123456	123456	123456	123456	123456	123456	123456	123456	
	28. 探访接待亲友	123456	123456	123456	123456	123456	123456	123456	123456	123456	123456	123456	123456	123456	123456	123456	123456	123456	123456	123456	123456	123456	123456	123456	123456	123456	
	29. 非工作目的的使用计算机及上网	123456	123456	123456	123456	123456	123456	123456	123456	123456	123456	123456	123456	123456	123456	123456	123456	123456	123456	123456	123456	123456	123456	123456	123456	123456	
	30. 其他自己时间	123456	123456	123456	123456	123456	123456	123456	123456	123456	123456	123456	123456	123456	123456	123456	123456	123456	123456	123456	123456	123456	123456	123456	123456	123456	
五、以上活动和谁在一起	31. 家里人	123456	123456	123456	123456	123456	123456	123456	123456	123456	123456	123456	123456	123456	123456	123456	123456	123456	123456	123456	123456	123456	123456	123456	123456	123456	
	32. 同学、同事、朋友	123456	123456	123456	123456	123456	123456	123456	123456	123456	123456	123456	123456	123456	123456	123456	123456	123456	123456	123456	123456	123456	123456	123456	123456	123456	
	33. 其他人	123456	123456	123456	123456	123456	123456	123456	123456	123456	123456	123456	123456	123456	123456	123456	123456	123456	123456	123456	123456	123456	123456	123456	123456	123456	
	34. 独自一个人	123456	123456	123456	123456	123456	123456	123456	123456	123456	123456	123456	123456	123456	123456	123456	123456	123456	123456	123456	123456	123456	123456	123456	123456	123456	

易日记中，访问对象通过勾选或者画线的方式记录事先编好码的活动种类。通常情况下，日记的左边是活动列表，右边是从起点时间一直延续的24小时，活动记录的时间精度通常为10分钟或者15分钟，日记式的可选样式见表3-3，其中的活动记录时间单位为10分钟，即表格中“123456”每个数字代表一个10分钟。

简易日记形式是目前许多国家采用的时间利用调查表形式。例如，英国1995年和2005年的调查，爱尔兰2005年的调查，丹麦1990年和瑞典2000年及2010~2011年的调查。芬兰曾在2010年在进行全时日记调查的同时，选其中一个月进行了简易日记调查试验。韩国统计局于1997年和1998年采用简易日记进行了试点调查。日本的NHK广播文化研究机构于1995年改用简易日记进行调查，日本国家统计局从1976年开始使用简易日记进行调查，但是在2001年采用了事后编码的全时日记形式。

简易日记的优点是降低了访问对象的心理负担。被访者并不需要在日记中用自己的语言填写参与的活动，唯一要做的就是记录在给定的活动列表中有关活动进行的时间。简易日记因为没有昂贵而繁杂的编码阶段所以调查成本较低，非常适合进行网上调查，而网上调查又进一步降低了数据录入成本。

简易日记的缺点是时间利用活动分类粗、种类较少。通常情况下，简易日记的时间利用活动种类大约为30~35项活动。活动分类越粗、种类越少，因访问对象对活动具体含义理解不同带来的风险也就越大。

3.2.1.3 不同形式时间日记的适用情形

全时日记因为可以收集到调查对象详尽、精准的活动信息，可以为政策制定提供多方位的咨询答案，所以成为时间利用调查的首选日记形式。但也正因为信息的详尽要求，可能会给被访对象带来较大的心理压力，特别是在住户或者个体追踪调查中。因此，全时日记的调查周期不宜过短，通常选择至少每十年才进行一次。我国2008年进行的居民时间利用调查因为是新中国成立以来第一次实施的大规模调查，为了获取更加完备的信息采用了全时日记的形式。

和全时日记相比，简易日记只能为特定政策制定提供咨询答案。对于某些政策问题来讲，只要日记本身的设计服从这些特定目的，例如，建立住户卫星账户、了解信息与通信技术的使用、学习和教育等，简易日记调查所提供的信息量完全能够满足决策的需要。另外，相对全时日记，简易日记更适合于研究时间利用的一般趋势。但是由于全时日记所能提供信息的丰富程度，简易日记调查不可能取代全时日记调查。实践中，鉴于全时日记调查的周期通常较长，在两次全时日记调查之间可以进行简易日记调查，以校验相关数据并为下一次全时日记调查提供可能需要的改进。在需要快速获取信息或者缺乏进行全时日记调查所需要的资源条件下，进行简易日记调查是非常可行的。

采用简易日记进行调查时，需要注意以下问题：

（1）简易日记应该包含必须数目的、预先编码的主要活动，要充分考虑住户卫星账户的需要或者其他特定的数据使用目的。为增加数据和相关研究的可比性，形成一个统一的、基本的活动分类是非常必要的。

（2）作为一种数据收集的模式，可以采用网络问卷调查的形式。比起纸质简易日记，网络简易日记可以有更多的时间利用种类。尽管不同的数据收集方法得到的结果可能不具有直接的可比性，但是采用多种模式收集数据时，调查工具的设计必须具有可比性，以避免系统误差的产生。

（3）除了主要的活动以外，简易日记可以记录至少一项同时活动，访问对象应该能够识别同时活动中的哪项活动是主要活动，哪项活动是次要活动。

（4）根据有关国家试验性调查的经验，高质量的简易日记调查是不可能通过邮寄调查的方式来组织的。为了获得满意程度高的回答和保障日记填写的质量，访员的协助是非常必需的。

（5）不管是简易日记还是全时日记，为了降低无回答误差，采用事后分层和一般回归估计的方法都是可取的，权重是反映总体参数值的基准。

（6）调查活动必须能够覆盖全年或者至少所有季节的可能活动，活动的范围不仅要包括工作日可能进行的活动，也要包括休息日可能进行的活动。对于那些虽然人们参与频率可能较低、但是活动却和政策相关时，应该考虑增加这类活动长期参与频率的问题设计。

3.2.2 背景问卷

时间利用统计中，不仅关注被调查对象整体的时间利用状况，而且为了更好地对人群的时间利用进行分析和解释，还需要收集有关调查对象的人口统计学特征等方面的个人背景信息，例如，性别、年龄、婚姻状况、家庭结构、学业经历、就业状况、收入水平甚至健康状况等方面的信息，有时还会包括一些和调查活动本身关联的信息，比如日记的填答是怎样完成的，等等。有了这些信息，可以更好地进行分类分析，深入了解调查对象的时间利用特征，为政策决策提供有针对性的建议。因此，在时间利用调查中经常会发放家庭问卷或者个人问卷，用以收集被调查对象的背景信息。

表3－4是中国人民大学休闲经济中心对北京市居民进行时间利用调查中的背景问卷（部分），此项调查的背景信息不仅包括了调查对象的一般人口统计学特征信息，还包括了职业状况如周工作时间、休息制度、单位人数等信息，也包括了家庭信息（如家庭人口数、家务劳动的社会化状况、收入及居住条件等方面）。2008年我国居民生活时间利用调查中的背景问卷中除了需要填写家庭成员基本情况表，包括成员代码、姓名、与户主关系、性别、出生年月、民族、受教育程度、婚姻状况和职业身份信息外，还包括了其他日志后问题，见表3－5。其中前三个问题是关于与日志记录活动本身有关联信息的。

表3－4　　2011年北京居民时间利用调查背景问卷（部分节选）

题项	选项
1.1 性别	（1）男（2）女
1.2 出生	____年____月
2. 与户主的关系	（1）户主（2）户主配偶（3）子女（4）子女配偶（5）孙子（6）父母（7）祖父母（8）兄弟姐妹（9）其他亲戚（10）其他（　）
3. 有无配偶	（1）未婚（2）有配偶（3）离异（4）丧偶
4. 教育程度	在学中：（1）小学（2）初中（3）高中（4）大学（5）研究生
	已毕业：（6）小学（7）初中（8）高中（9）大学（10）研究生（11）没上过学及其他
5. 平常工作吗（无工作者请跳转至问题13）	有工作的人：（1）工作（2）边做家务边工作（3）边上学边工作
	无工作的人：（4）专干家事（5）上学（6）待业（7）其他（　）
……	
10. 周就业时间	（1）15小时未满（2）15～34小时（3）35～42小时（4）43～48小时（5）49～59小时（6）60小时以上（7）其他（　）
……	
13. 家庭人数	______人
……	
16. 家庭年收入（税前额）	（1）0.20万元以下（2）0.20万～0.39万元（3）0.40万～0.59万元（4）0.60万～0.79万元（5）0.80万～0.99万元（6）1.00万～1.49万元（7）1.50万～1.99万元（8）2.00万～2.99万元（9）3.00万～4.99万元（10）5.00万～9.99万元（11）10.00万～19.99万元（12）20万元以上
17. 家庭是否拥有小汽车	（1）是（2）否
18. 居住的种类	私房：（1）平房（2）楼房
	租房：（3）平房（4）楼房
	公房：（5）企事业单位楼房（6）平房（7）宿舍（8）其他
……	

表 3-5　　2008 年我国居民时间利用调查背景问卷节选（日志表后问题部分）

题项	选项
……	
1. 您记录的这一天对您来说属于哪种日子？	(1) 正常的生产劳动日 (2) 正常的上学日 (3) 正常的休息日（不工作）(4) 节假日或休长假 (5) 其他
2. 您如何记录这份日志？	(1) 随时记录或事后记录 (2) 当天晚上记录 (3) 第二天补录 (4) 其他时间
3. 您这份日志是怎么完成的？	(1) 自己记录 (2) 由调查员回访记录 (3) 由自己家人帮助记录
4. 您的工作场所或学校离住所有多远？	(1) 在家工作 (2) 小于 1 公里 (3) 1~3 公里 (4) 3~5 公里 (5) 5~10 公里 (6) 10 公里以上
5. 您的月收入大致在？	(1) 没有收入 (2) 500 元以下 (3) 500~1000 元 (4) 1001~2000 元 (5) 2001~5000 元 (6) 5001~1 万元 (7) 1 万元以上
……	

资料来源：根据 2008 年时间利用统计资料汇编 [M]. 北京：中国统计出版社，2009：603 整理而得。

总之，背景问卷部分的设计从内容选择上来讲，取决于具体调查研究目的。有的调查背景信息广、问题数目多，有的相对范围窄一些、题目少一些，但背景部分在时间利用研究中的作用是相同的，都是为了进行分类研究，更好地分析和解释数据。至于背景问题在整个调查表中位置排布问题，基于背景信息只是时间利用调查的补充性信息，并不是主体信息，所以其顺序安排要有利于调查活动的顺利进行、提高访问对象的配合度和整体调查效率，有的信息可以放在日记之前，有的最好放在日记之后，如敏感度较高的收入问题和日记记录关联信息等问题。

3.2.3　时间利用调查的扩展——休闲活动参与状况调查问卷

利用时间日记进行时间利用调查时，无论是全时日记还是简易日记，因为在实际调查时往往仅涉及被访对象在一年中某几天的时间利用情况，所以记录的活动数量是有限的。事实上，人们的活动方式存在着可能的季节变化，特别是在自由可支配的休闲时间里进行的休闲活动，在不同的时间可能存在非常大的差别。但是时间日记调查无法很好地反映这种变化，除非调查是连续进行或者分季节进行的，而连续或者分季节多频次的调查访问大大降低了调查的可行性和可操作性，不仅仅是因为调查成本的问题，还有样本人群的变化和被访对象的配合等诸多问题。另外，随着社会经济的发展、随着劳动生产率的提高和闲暇时间的增多，人们的休闲生活、休闲活动参与状况越来越成为决策规划层面的关注对象。于是休闲活动参与调查便应运而生，成为时间日记调查的有益补充，和时间日记调查一起成为衡量人们时间分配和休闲生活状况的重要手段。

现代意义的休闲参与调查研究开始于 20 世纪 60 年代。1962 年，美国的户外游憩资源评价委员会（ORRRC）进行了大规模的全国范围内的休闲参与调查，为的是建立休闲活动参与水平数据库。其他西方国家紧随其后开展了类似的调查。1967 ~ 1972 年，加拿大进行了一系列户外游憩需求调查（CORDS），收集大量户外活动的详细资料，旨在为评估加拿大户外游憩的现实需求和潜在需求提供信息。此后类似的调查在加拿大一直在持续进行，虽然调查的内容和侧重点有所改变。法国于 1967 年首次进行休闲参与调查。发生在西方国家的这些变化，主要是因为这一时期这些国家的经济快速发展，财富急剧增长，私人汽车拥有量显著增加，由于私人汽车的增加使得户外游憩活动风靡起来，还有快速增加的人口特别是“婴儿潮”的出现，给政府规划部门带来了前所未有的挑战。这一时期，大规模的全国或者区域范围内的时间分配与休闲参与调查，以及针对娱乐设施使用者的现场调查成为休闲研究中实证数据收集的主要工具。早期的休闲参与调查基本上是纯描述性的，当时政府关心的主要对象是人们参与户外游憩活动、体育活动以及艺术活动的状况，进行调查的目的是为了规范、完善和监督相关的公共政策。休闲调查提供的是一种初步的状态描述，例如，参与体育和文化活动的人口比例，不同的社会阶层休闲参与水平的差别等。也有一些调查带有预测性质，特别是在经济快速增长和人口急剧膨胀的情况下，在调查的基础上进行需求预测，以便于政府做出相应的规划决策。

进入 20 世界 70 年代以后，更多国家加入到休闲参与调查的行列中来。1973 年，英国的家庭大调查（GHS）第一次将休闲参与纳入其家庭调查中，调查内容涉及参与体育活动、观看体育比赛、短途旅行、参与艺术活动、家庭休闲活动和各种社交活动等。1975 年，澳大利亚进行了首次全国性的家庭外休闲活动参与调查，调查样本包含了来自 8400 个住户的 18700 个被访者，调查的主要问题是：在过去的 12 个月内，参与了哪些家庭以外的休闲活动。1977 年，芬兰第一次进行了大规模的休闲与文化参与调查，同一时期加入这一行列的还有波兰、西班牙、新西兰等国家。

20 世纪 80 年代以后，随着社会和经济的发展，休闲参与调查更加受到各国政府的重视，调查内容也更加丰富起来，一些东亚国家和地区也相继加入休闲参与调查的行列，其中最具代表的就是日本。日本将时间日记和休闲参与调查结合在一起进行，最近一次调查是 2011 年完成的，调查的名称即为时间利用和休闲活动参与调查。我国香港和台湾地区在休闲参与调查研究中也有积极的表现，其中香港地区休闲研究主要集中在青年休闲行为上，旨在为青年人提供人性化的社区服务，大多数相关的休闲调查是由政府或者志愿机构在一定区域或者特定年龄范围人群中进行的。例如，在 1993 年夏天和 1994 年冬天，在全香港范围内进行了第一次休闲调查，1999 年和 2000 年又进行了两次类似的调查。我国台湾地区的学者们也广泛地参与了休闲生活调查研究，调查对象涉及不同的群体，如各类学生、居民和各种职业类型的人群，在研究构架、量表选择和研究程式上形成了比较统一的模式。

中国大陆地区的休闲参与调查最早开始于王琪延教授在北京市进行的居民生活时间利用调查，该调查参照了日本有关调查的设计，包括了时间日记和社会生活调查问卷两部分内容，成为中国大陆进行休闲研究调查的典范。该项调查涉及体育活动、兴趣娱乐、公益活动、旅游以及为提高修养或根据兴趣爱好而进行的学习活动等五大类休闲活动，其调查问卷样卷见表 3 – 6。该问卷的调查目的是为收集调查对象在调查日之前的一年内

表3-6 2011年北京居民时间利用调查中休闲参与调查问卷样卷节选（体育活动部分）

项目	1. 过去一年是否参与过		2. 这一年进行过几日							3. 同谁去的							4. 用了哪些设施						5. 是否为俱乐部活动	
	1	2	1	2	3	4	5	6	7	1	2	3	4	5	6	7	1	2	3	4	5	6	1	2
	没有	有	一年1~4日	一年5~9日	一年10~19日	一年20~39日	一年40~99日	一年100~199日	一年200日以上	家人	工作单位的人	学校的人	邻居	朋友	一人	其他	单位设施	学校设施	国营设施	民营设施	不用设施	其他	是	否
1. 乒乓球	1	2	1	2	3	4	5	6	7	1	2	3	4	5	6	7	1	2	3	4	5	6	1	2
2. 羽毛球	1	2	1	2	3	4	5	6	7	1	2	3	4	5	6	7	1	2	3	4	5	6	1	2
3. 篮球	1	2	1	2	3	4	5	6	7	1	2	3	4	5	6	7	1	2	3	4	5	6	1	2
4. 足球	1	2	1	2	3	4	5	6	7	1	2	3	4	5	6	7	1	2	3	4	5	6	1	2
5. 网球	1	2	1	2	3	4	5	6	7	1	2	3	4	5	6	7	1	2	3	4	5	6	1	2
6. 排球	1	2	1	2	3	4	5	6	7	1	2	3	4	5	6	7	1	2	3	4	5	6	1	2
7. 保龄球	1	2	1	2	3	4	5	6	7	1	2	3	4	5	6	7	1	2	3	4	5	6	1	2
8. 游泳	1	2	1	2	3	4	5	6	7	1	2	3	4	5	6	7	1	2	3	4	5	6	1	2
9. 滑冰	1	2	1	2	3	4	5	6	7	1	2	3	4	5	6	7	1	2	3	4	5	6	1	2
10. 滑雪	1	2	1	2	3	4	5	6	7	1	2	3	4	5	6	7	1	2	3	4	5	6	1	2
11. 登山	1	2	1	2	3	4	5	6	7	1	2	3	4	5	6	7	1	2	3	4	5	6	1	2

续表

项目	1. 过去一年是否参与过		2. 这一年进行过几日							3. 同谁去的							4. 用了哪些设施						5. 是否为俱乐部活动	
	1	2	1	2	3	4	5	6	7	1	2	3	4	5	6	7	1	2	3	4	5	6	1	2
	没有	有	一年1~4日	一年5~9日	一年10~19日	一年20~39日	一年40~99日	一年100~199日	一年200日以上	家人	工作单位的人	学校的人	邻居	朋友	一人	其他	单位设施	学校设施	国营设施	民营设施	不用设施	其他	是	否
12. 长跑	1	2	1	2	3	4	5	6	7	1	2	3	4	5	6	7	1	2	3	4	5	6	1	2
13. 散步	1	2	1	2	3	4	5	6	7	1	2	3	4	5	6	7	1	2	3	4	5	6	1	2
14. 健美体操	1	2	1	2	3	4	5	6	7	1	2	3	4	5	6	7	1	2	3	4	5	6	1	2
15. 跳舞	1	2	1	2	3	4	5	6	7	1	2	3	4	5	6	7	1	2	3	4	5	6	1	2
16. 轻体操	1	2	1	2	3	4	5	6	7	1	2	3	4	5	6	7	1	2	3	4	5	6	1	2
17. 太极拳	1	2	1	2	3	4	5	6	7	1	2	3	4	5	6	7	1	2	3	4	5	6	1	2
18. 钓鱼	1	2	1	2	3	4	5	6	7	1	2	3	4	5	6	7	1	2	3	4	5	6	1	2
19. 其他（　）	1	2	1	2	3	4	5	6	7	1	2	3	4	5	6	7	1	2	3	4	5	6	1	2

的休闲生活情况，包括了对各类具体休闲活动的参与频率、伙伴选择、活动场所以及是否为俱乐部组织活动等内容，实际调查时还增加了在该项活动的消费支出调查。从调查表的设计形式来看，整个调查表为纵横交错的棋盘式表格，表的左边为各类具体活动列表，右边放置各项活动的关联信息。和时间日记相比，活动种类数目明显增多，给时距为一年的活动参与调查提供了足够的选择空间，也为全面了解居民的休闲生活状况提供了更多的信息依据。

3.3　活动分类及编码

时间利用调查是围绕个人生活中各种各样的活动展开的，不管是采用时间日记的形式还是结构化问卷的形式，活动都是时间利用的载体和对时间进行测量的具体依据，因此活动分类是时间利用调查中必不可少的组成部分，是时间利用调查研究中的一项重要基础工作。到目前为止，尽管各个国家对时间利用调查越来越重视、参与时间利用调查的国家数目越来越多，但由于不同国家在时间利用调查中所使用的概念以及框架结构不尽相同，全世界范围内还没有一个统一的国际公认的活动分类标准用以指导各国的时间利用调查，这也为时间利用研究的大范围国际比较增加了现实难度。但是毋庸置疑的是，各国在进行一国内部时间利用研究的同时，也越来越意识到时间利用跨国研究的重要性。因此，在制定或者修订本国时间利用统计活动分类标准时，充分考虑和吸收其他国家时间利用研究和活动分类经验以提高国际可比性，将成为一种不可避免的趋势。

3.3.1　时间利用活动分类的概念及原则

3.3.1.1　时间利用活动分类的概念

所谓时间利用活动分类，指根据统计分组基本原则和时间利用研究目的，将贯穿在人们日常生活中的不同活动区分为不同的类别和层次，以便于测量人们在不同种类活动中所耗费的时间，刻画人们的时间利用方式和生活形态，从而更好地服务于相关领域的决策。

建立时间利用活动分类是时间利用统计中的一项基础性活动，需要统筹规划，遵循一定的原则、步骤，建立相关的规章制度，进行严格的过程控制，编制专门的文件档案等，以便保障不同时间利用调查活动的连续性和可比性。详细来讲需要考虑以下事项：

（1）明确建立时间利用活动分类的目的和统计特征。

（2）明确建立和维护时间利用活动分类的主体及主体责任，即要明确由谁来负责编制和维护有关时间利用活动分类。

（3）制定工作时间表，并且要考虑吸收那些为统计或者管理目的而使用这一分类的用户专家，在适当的时候参与这一分类体系的制定。

（4）建立明确的分类结构。

（5）给出所有涉及活动的定义和列表。

（6）编制活动分类的使用说明，以便于数据的采集、编码和分析。

（7）编制活动分类指南或者培训材料。

3.3.1.2 建立时间利用活动分类应遵循以下基本原则

（1）活动分类中所涉及的概念必须要有明确的、一致的定义。任何活动分类都必须建立在正确的、公认的概念基础上。活动分类中的每一项活动必须要有清晰的内涵和外延，不能模棱两可、含混不清，可以通过举例的方式列举包括哪些活动、不包括哪些活动。

（2）活动要有明确的结构组成，是同一水平的活动列表还是分门别类、有逻辑关联的分层结构，一定要事先界定清楚。

（3）所涉及的活动种类必须满足穷尽和互斥的原则，即所有可能的活动种类都要包括其中，不同的活动种类之间不存在交叉和重复。

（4）是可以更新和升级的。

（5）具有稳健性，能够经得起时间的检验。

（6）能够满足不同用户的需求。

（7）不同时间和空间进行的时间利用调查之间具有可比性。

（8）能为用户提供编码和数据使用指南。

3.3.2　若干现行的重要时间利用活动分类及编码方法

3.3.2.1　国际时间利用统计活动分类（ICATUS）及编码（试用）

国际时间利用统计活动分类是由联合国统计署于1997年制定的，分类采用大类、中类、小类、组以及次级组5个层级的结构形式，一共包括15个大类、54个中类、92个小类、200个组及363个次级组。活动采用6位编码体系，大类用前两位数代码表示，其后的中类、小类、组以及次级组分别用第3、第4、第5、第6位数字表示。结构样例如表3-7所示。

表3-7　　联合国时间利用活动分类结构及编码（试用）样表

01	为法人公司/准法人公司、非营利机构和政府工作（正规部门工作）
02	为从事初级生产活动的住户工作
03	为住户非初级生产活动工作
04	为提供住户建筑活动工作
05	为住户提供创收服务工作
06	为住户内最终自用提供无偿家庭服务
07	向住户成员提供无偿照顾服务
08	向其他住户提供社区服务和帮助
09	学习
10	社交和社区参与
101	核心社交和社区参与活动
1011	社交和交流
10111	谈话、交谈
10112	社交活动
10113	阅读和书写邮件

续表

		10114　非社会/反社会/消极社会活动
		1011x　未正式界定的社交和交流
	1012　参加社区文娱/社会活动	
		10121　参加社区文化/历史活动庆祝
		10122　参加社区婚丧、出生和类似礼仪活动（非宗教）
		10123　参加社区社交会（音乐、舞蹈等）
		1012x　未正式界定的社区参与
……		
11　参加/参观文化、娱乐和体育活动/场所		
12　业余爱好、游戏和其他消遣活动		
13　参加户内和户外运动		
14　大众媒体		
15　个人料理		

该分类是基于国民账户体系 SAN 生产边界，对活动进行识别和分组的时间利用调查活动分类概念性框架，旨在指导世界各国的时间利用调查活动分类。该分类框架采用了 SNA 中有关经济和非经济、生产和非生产活动的分类边界来区分时间利用调查中的各种活动。采用这种方法的优点是有利于评估所有货物和服务生产过程中的劳动投入，有利于编制住户卫星账户。

3.3.2.2　欧盟时间利用活动分类及编码

欧盟时间利用活动大类是在 1972 年萨拉（Szalai）多国时间利用比较研究所用分类的基础上，经过欧洲、加拿大和澳大利亚等国家修订的基础上形成的，最初的活动分类是在 1993 年完成的，之后又经历多次的使用和修订，最近一次的修订是在 2008 年完成的，该次修订保留了以前分类中尚存的活动种类和分类结构，该分类采用的是三级分层结构，活动分类结构如表 3－8 所示。

表3-8 欧盟时间利用活动分类结构及编码样表

0	个人照管
000	未说明的个人照管
01	睡眠
010	未说明的睡眠
011	睡眠
012	病在床上
02	进餐
020	未说明的进餐
021	正餐、点心和饮料
03	其他个人照管
030	未说明的其他个人照管
1	就业
2	学习
3	住户和家庭照顾
4	志愿工作和会议
5	社会生活和娱乐
6	体育和户外活动
7	业余爱好和游戏
8	大众媒体
9	旅行和未说明的时间利用

3.3.2.3 美国时间利用调查（ATUS）活动分类及编码

美国的时间利用调查是在美国劳动统计局和美国普查局的联合赞助下进行的，从2003年开始，开展年度调查。该项调查所采用的活动分类为包括17个大类的三级分层结构体系。ATUS所使用的活动分类结构及编码样表如表3-9所示。

表 3-9　　美国时间利用活动分类结构及编码样表

1	个人照顾
2	家务劳动
3	照料孩子和其他家庭成员
4	照料别人的孩子和其他家庭成员
5	工作
6	学习
7	购物
7_1	购买活动
7_1_1	食品店购物
7_1_2	购买燃气
7_1_3	购买其他食物
7_1_4	购买其他东西
7_1_5	购物过程中的等待
7_1_99	其他
7_2	购物决策活动
7_2_1	购物比较
7_2_99	其他购物研究
7_3	购物保障活动
7_3_1	和购物有关的安全措施
7_3_99	其他安全措施
7_99	其他
7_99_99	其他不包括在以上活动中的相关活动
8	医疗、金融、法律、地产、安全等服务
9	家务劳动社会化服务
10	政府公共服务
11	进餐
12	社交娱乐活动
13	参加/参观体育活动
14	宗教活动
15	志愿者活动
16	打电话
17	旅行

3.3.2.4 澳大利亚时间利用调查活动分类及编码

澳大利亚时间利用活动分类也是采用大类、中类和小类的三级分类方法，并且将活动类别按照时间利用统计四分类即生理必须时间、工作（学习）时间、家庭义务时间和自由时间的顺序进行排序。澳大利亚于1992年最早采用该分类，中间曾经有过变动，但在1997年和2006年调查中又沿用了这一分类，新西兰使用同一活动分类方法。活动分类结构及编码样表如表3－10所示。

表3－10 澳大利亚时间利用活动分类结构及编码样表

生理必须时间	1 个人照顾
工作（学习）时间	2 就业
	3 受教育
家庭义务时间	4 家务劳动
	5 照料孩子
	6 购买生活必需品
	7 志愿工作和照料活动
自由时间	8 社会交往时间
	81 社交
	82 参观文化娱乐场所
	820 参观新出现的文化娱乐场所
	821 看电影
	822 听音乐会
	823 看戏剧
	……
	83 参加体育活动
	84 宗教、仪式活动
	85 参加社区活动
	86 消极社会活动
	87 协会活动

续表

	88 集体旅游
	89 其他社交活动
	9 娱乐和休闲时间

3.3.2.5 联合国时间利用活动分类简表

联合国时间利用活动分类是由联合国欧洲经济委员会时间利用调查研究小组于2013年提出的，是在分析比较了目前正在使用的几个重要的时间利用统计活动分类的基础上，通过总结其共性，既考虑了时间的结构和国民账户核算体系的要求，也考虑了时间利用的主要政策目的和研究需要，而形成的一个广义的只包括大类活动的分类列表，旨在为世界各国的时间利用调查研究提供一个共同的分类框架，以提高时间利用统计资料及研究的可比性，具体如表3－11所示。

表3－11　　联合国时间利用活动分类简表

活动类别	定义	时间种类	应用领域
睡眠	包括所有和睡觉及休息相关的活动	生理必须时间	福利、性别平等
个人护理	所有与个人护理相关的活动，包括打扮、医疗和个人卫生	生理必须时间	福利、性别平等
照顾孩子	所有照料孩子有关的活动，包括照顾具有残疾的孩子，但不包括相关的教育活动	义务劳动时间	无偿劳动和非市场生产，性别平等
照料成人或者身体残疾的人	所有与照顾成人及残疾人相关的活动	义务劳动时间	无偿劳动和非市场生产、性别平等
家务劳动	所有和家务管理的活动，包括购物，但不包括做饭	义务劳动时间	无偿劳动和非市场生产、性别平等
做饭	所有和家庭内用餐及相关清洗工作有关的活动	义务劳动时间	无偿劳动和非市场生产、性别平等

续表

活动类别	定义	时间种类	应用领域
志愿者组织活动（正式/非正式）	所有无偿的、非义务的志愿者组织活动	义务劳动时间	无偿劳动、市场的和非市场生产、性别平等
直接志愿者活动（为其他家庭或个人提供的）	所有无偿的、非义务的为志愿者个人家庭以外的人提供的服务	义务劳动时间	无偿劳动和非市场生产、性别平等
就业	所有有偿劳动	合同约束时间	工作和生活的平衡、性别平等
教育	所有跟学习有关的活动，不包括岗位培训	合同约束时间	无偿劳动和非市场生产、性别平等
旅行	包括为任何目的和使用任何交通方式进行的旅行活动	自由时间	福利、工作和生活的平衡、性别平等
文化和休闲	所有与文化和休闲参与有关的活动，包括参观博物馆、到影剧院、看电视、听收音机，和其他人的社交活动，包括积极的和消极的休闲活动	自由时间	福利、工作和生活的平等、性别平等
手工制作和业余爱好	所有与手工艺制作以及业余爱好相关的活动	自由时间	福利、性别平等
阅读	包括读书、报纸、杂志等，可以是印刷品，也可以是电子资源	自由时间	福利、性别平等

这一分类简表包括了全世界 24 个时间利用活动分类中 80% 的活动种类，例如，联合国时间利用分类国际标准中的 91%，欧盟分类中的 86%，澳大利亚分类中的 88% 和美国分类中的 78%。各国在建立自己的活动分类标准时可以在这一大分类的基础上进一步细分，例如，为了测量家庭服务以及性别平等，对于照顾孩子这一项活动就可以进一步区分为：第一，互动性的照顾，具体可以是和孩子一起玩、给孩子阅读、一起进行体育活动、与孩子进行交流等；第二，体能性的、监管性的、陪伴性的以及医疗

性的照顾。

3.3.2.6 小结

对以上几种活动分类及编码的比较可以看出，各种时间利用调查活动分类和编码方式既有相似之处也有特别之处。美国、澳大利亚和欧盟的活动分类尽管在类别数目、排列顺序和具体代码的编制上不尽相同，但三者均采用了大类、中类和小类的三级分类体系。联合国出于本身在国际事务中的特殊地位和角色，更多地综合吸收现有主要分类体系的内容和结构关系，试图建立一个对世界各国建立自身的时间利用分类体系具有统一指导作用的分类体系，以便增强世界各国时间利用数据的可比性。

3.3.3 我国时间利用活动分类及编码

我国2008年居民时间利用调查的活动分类也采用大、中、小三类分级体系设计，其中大类10个、中类62个、小类114个，具体的编码如表3-12所示。

表3-12　　我国2008年时间利用调查活动分类及编码样表

大类代码	中类代码	小类代码	活动名称	解释说明
0			个人活动	指满足个人生理需要且无法由他人代替完成的活动
	01		睡觉休息	
		011	夜间睡眠/必要睡眠	指夜间或白天为满足生理需要所进行的长时间睡眠
		012	小睡	指打盹、午睡或闭眼休息
		013	生病卧床	
	……	……	……	……
1			就业活动	指在正规部门从事有报酬的就业活动。正规部门指法人单位、准法人单位、非营利机构和政府部门

续表

大类代码	中类代码	小类代码	活动名称	解释说明
2			家庭初级生产经营活动	指以获得收入为目的、以家庭为单位从事的农业和其他初级生产经营活动
3			家庭制造与建筑活动	指以获得收入为目的、以家庭为生产单位进行的制造与建筑活动
4			家庭服务经营活动	指以获得收入为目的、以家庭为单位对外提供各种服务的活动
5			为自己和家人最终消费提供的无酬家务劳动	指为自己和家人最终消费进行的准备食物、清理住所环境、整理衣物、购物等无酬家务劳动
6			照顾家人和对外提供帮助	指对家庭成员和家庭以外人员提供的无酬照料与帮助活动
7			学习培训	指参加大中小学正规教育和业余大学等非正规教育的学习培训活动，不包括与就业有关的上岗培训、脱产学习等
8			娱乐休闲和社会交往	指由个人自由支配的休闲娱乐活动和社会交往活动
9	90	900	未定义活动	指没有活动内容或活动信息遗漏

资料来源：中国时间利用调查资料汇编［M］. 北京：中国统计出版社，2009：614 - 620.

由上面的活动分类和编码表可见，我国在活动大类的分类上更加突出了家庭活动的有偿性和无偿性，采用了联合国制定的国际时间利用活动分类框架中关于经济和非经济、生产和非生产活动的分类边界，来区分时间利用调查中的各种活动。为更加深入细致地评估我国货物和服务生产过程中的劳动投入，以及编制住户卫星账户提供了便利条件。

3.4 抽样设计

3.4.1 时间利用调查抽样设计的特殊性

和其他统计调查设计一样，时间利用调查抽样设计也要从调查目的出发，既要考虑数据收集方式和实际调查过程中可能遇到的各种限制性因素，也要考虑实际成本和估计精度以及实际调查的可操作性等因素。从这个意义上来讲，时间利用调查的抽样设计没有固定的、现成的模式，实际设计取决于具体的调查目标、可利用的资源、可获得的抽样框等现实条件。

目前，不同国家的时间利用调查大多采用住户抽样调查。尽管不同国家因调查目的和需求不同在抽样设计细节上存在差异，但在结构上却存在相似性，即采用分层多阶段抽样。如将最近一次人口普查中所使用的计算单元作为初级抽样单元，即首先抽取出若干计算单元，然后再从被抽中的计算单元中抽选出若干住户。如果研究的个体是个人，就调查抽中住户的全部人员或者抽取该住户中的一个或者多人进行调查；如果研究个体是住户，那么就对入选住户进行调查。通常来讲，适用于其他住户调查的分层多阶段抽样设计也适用于时间利用调查，当然为了提高数据收集的有效性，具体的抽样设计还需要根据实际情况做必要的修订。

和其他住户抽样调查相比，时间利用调查抽样设计的特殊性在于时间维度的设定。大部分住户调查收集的是时点数据，或者虽是时期数据但假定调查期间数据的变化很小，但对于时间利用调查来讲，目标估计量不是人们在某一天或者某一周的活动情况，而是在一个更长的时间内（如一年内）的活动情况，而人们的活动在不同日、不同季节里会有很大的变化。因此，时间利用调查抽样设计必须满足样本对时间代表性的要求。在满足这一要求的同时，还要考虑实际调查方法的可行性，特别是在大规模的调查中要考虑数据的采集方式、访员队伍的构成（如访员是否包括当地居民还是只用流动访员）、访员调度难易程度以及预算约束等因素。时间利用调查抽样设计的这一特殊性取决于其调查总体的特殊性。

3.4.2　时间利用调查抽样设计中调查总体及其特性

对于抽样设计来讲，首先要解决的问题是统计对象，即总体和个体的确定。时间利用调查中，调查总体的确定需要考虑以下两个方面的问题：一个是和调查目的相关的个体的确定，另一个就是和调查相关的时间的选择。由于人们的活动方式存在着可能的季节变化，因此时间利用调查中理想的时期选择为一个日历年度或者任何一个长为12个月的时期（如从前一年的6月1日到次年的5月31日），将一天24小时作为基本度量单位，那么抽样设计要考虑的问题就是挑选一个能够代表一年365天的由时间和人组成的样本。

时间利用调查总体可以被视为一个二维的网格，其中一维代表人，另一维代表时间，如表3－13所示。

表3－13　时间利用调查总体二维表

人	天						
	1	2	3	4	…	364	365
1					…		
2	×	×	×		…		
3					…	×	×
4					…		
…	…	…	…	…	…	…	…
N					…		

表3－13中的每一个单元格代表一个“人·天”组合，例如，左上角

的单元格代表的是人 1 在调查年的第 1 天，而右下角的单元格则代表的是人 N 在调查年的最后 1 天。所有这些单元格所构成的群体才是时间利用调查中的目标总体。如果有充足的资源和个体的通力配合，理论上时间利用调查可以覆盖所有的“人·天”单元格。但现实的情况是，实践中进行的时间利用调查只能是对其中一部分单元格进行的抽样调查，不可能进行全面调查。

由于目标总体具有两维性，所以任何一维上的变动都会给时间利用抽样调查设计带来影响。首先，从人的维度来看，调查期间内由于人员的进入和退出会在一定程度上使得目标人群发生变化，例如，因年龄增加而超过调查最低年龄界限、移民等原因，使得原本不在调查范围的人进入目标人群，也可以因为死亡、移民等原因使得原本在调查范围的人员退出目标人群。例如，表 3 – 13 中个体 2 在第 1、第 2、第 3 天并不在目标群体中，直到第 4 天才进入目标群体，同理，个体 3 在第 364 天之前一直都在目标群体中，而第 364 天则离开了目标群体。这种变化也可能出现在一年中任何其他时候，如一个人可能因为出国一段时间然后又返回而造成目标群体的变化。

其次，从时间维度上来看，抽样的结果可能会导致对样本人群的重复性访问，即某些人所属的多个单元格入样的情形。即便在抽样设计上按照时间分层的方法选择其中的几天进行调查，也依旧存在因调查日时间间隔较长的原因，给现实的访问造成比较大的困难，这样调查的可行性和可操作性就会大打折扣。

3.4.3 时间利用调查中的抽样方法选择及影响因素

鉴于时间利用调查中目标总体的特殊性，实际抽样设计时应该考虑以下因素：一个是调查分析目标，另一个是可操作性方面的考虑，当然样本量的大小也是一个非常重要的因素。

不同的分析目的意味着不同级别的分析单元，同时也意味着需要采用不同的针对“人·天”组合的抽样方法。从分析单元即统计个体的角度出发，有关时间利用的调查分析可以从三个不同的层级进行。

3.4.3.1　人时单位级分析

如果分析目标只是为了估计总体及内部不同群体在不同活动的平均使用时间，那么所需要的样本就是一个针对“人·时间”组合网格的概率样本，分析单元就是这些人和时间单元的组合，如人与天的组合。这种样本主要适用于进行住户产出卫星账户估计，如估计子总体用于有偿劳动的时间占比。但需要注意的是分析各种活动的平均时间占用量只需要被访对象一天的时间利用数据，如果收集了多于一天的数据，可以通过数据加权的方式合并进行分析。

3.4.3.2　个人级分析

如果分析目标单元是人，而不是“人·天”组合，如要分析有孩子的女性花在照料孩子上的时间在多大程度上影响孩子的智力发育。这种情形下，关注的是女性用于该项活动的平均时间是如何影响孩子的智力发育结果的，而不是不同女性用于这项活动的平均时间差异。一人一天的样本对于旨在研究特定活动所需时间的不同影响效应来讲并不充分，这是因为一个人在不同时间用于特定活动的时间是存在实质性差异的。正因为如此，收集一人多日时间利用数据是这类分析任务所必需的。这种针对不同人之间时间利用影响效应的研究设计中，最好能够向被调查对象收集多天数据，这样不仅能够更加客观地体现各种活动的时间配置方式，而且因为对每个被调查对象的每一种活动至少要调查 2 天，使得时间利用中个体在不同时间的差异可以被估计出来，这种个体内部差异性的估计可以用于评估基于个人水平的时间利用测量方法的可靠性。例如，一个设计如果考虑一周 7 天当中的每一天和一年中的四个不同季节，就可能会导致 28 种天与季节的组合层，为了估计可靠性，要求每一层中随机选择至少 2 天，最终的样本就可能是每一个人至少需要 56 天的数据。那么这种设计造成的调查负担是可想而知的。其中一种减负方式就是以工作日和非工作日的分层方式取代季节分层和周分层，这样就只剩下两层，即从全年的周一到周五为一层，另一层是全年的周六和周日组成的层。这样如果每一层至少抽取2天的话，每个人只需调查4天就可以了。但即便从无回答可能性的产生和数据质量的视角来看，这个样本的天数依然较大，还需要通过进一步降低测量精度要求来减少调查天数。在某些情况下，如果分析单元不是“人·天”，而是“人·周”，这时分析用的数据应该是“人·周”数据，通常的做法是对每个被访对象分别调查其工作日和休息日的时间利用情况，根据样本天构建一个综合周，例如，每个被访对象都被调查2个工作日，一个周六、一个周日。然后根据调查数据，为每一个被调查对象汇总构建一个综合周，通过对工作日数据进行加权即乘以5/2得到汇总数据。为了避免构建综合周过程中精确度下降，加权因子要小一些，因此在此情形下，对每一个被访者抽取2天要比1天好。

3.4.3.3 住户级分析

这种类型的分析是把住户作为一个整体测定它的时间利用状况，以及不同住户成员之间的协作，例如，住户在成年家庭成员之间是如何分配家务劳动和照料孩子的任务的。

目前，大多数国家是通过人口调查的住户样本进行时间利用调查的，这种情况下要么调查所有符合条件的家庭成员，要么只调查样本家庭中的一个或者多个符合条件的成员。调查所有符合条件的住户成员从调查成本来看往往具有成本效率，而且由于住户级分析所具有的潜在优势，使得调查所有符合条件的住户成员在一天的时间利用数据，成为时间利用调查中被广泛推荐的调查方法。但是如果集中访问一个住户的多个成员，会导致住户反馈任务加重，从而降低调查的回答率，这种情况下，就应该通过制定住户中的最多调查人数来加以限制。

3.4.3.4 小结

从操作层面看，时间利用调查中最简单的抽样设计就是每个人只调查一天的情形，不仅数据收集工作易于操作，而且也便于分析。收集多日时间利用数据的可行性取决于访员队伍结构，例如，在每一个初级调查单元中都有具备当地居民访员的标准样本，那么为了获取多日时间利用数据而对样本人群进行重复访问的难度就不会太大。但是，如果需要外派访员进行多日时间利用数据收集的话，那么就会面临很多问题。这种情况下，要么需要调查员待在初级抽样单元的时间足够长，要么需要访员在不同的时间重复访问初级单元。这种执行过程中的复杂性导致在实际中往往倾向于选择一人一天的情形。至于从一个住户抽取多少人进行调查的选择并不是取决于操作上的考虑，相对简单易行而且具有成本效率的方法就是调查所有符合年龄要求的家庭成员，但这种情况下，应该考虑到多人接受访问对住户造成的调查负担，这是不容忽视的。

第 4 章　休闲时间统计分析及应用

4.1　休闲时间统计分析内容

休闲时间统计是进行休闲需求研究的一项重要内容。作为可以自由支配的时间，休闲时间是实现和满足休闲需求的重要前提和保障。在一天24小时的刚性约束条件下，除了生理必须时间、家务劳动时间和工作（学习）时间以外，人们能够拥有多少休闲时间，是衡量生活质量乃至社会进步的重要尺度。

4.1.1　休闲时间统计分析指标

理论上来讲，生活时间利用统计指标有时间总量指标、时间平均指标和时间相对指标。但是，因为在一定人群范围内时间总量和人群的规模直接相关，不同的群体之间不具有可比性，所以更注重对研究对象时间利用的平均值、结构、比例等特征的研究。休闲时间统计分析中，最常用的时间利用分析指标有：

（1）休闲时间平均指标，即针对特定人口群体在特定时间段内可自由支配时间的平均值。在休闲研究中，常常关注的是人们在工作日或者休息日中，除了工作时间、生活必需时间和家务劳动时间以外的休闲时间平均数，在工作日和休息日基础上进行加权平均得到的一般日平均休闲时间，以及各类具体休闲活动平均时间。各种平均时间的计算方法如下：

$$\text{平均休闲时间} = \frac{\sum \text{某类休闲活动所用时间(分钟)}}{\text{全部调查人数}}$$

$$参与者平均休闲时间 = \frac{\sum 某类休闲活动所用时间(分钟)}{该项活动参与者人数}$$

（2）休闲时间结构相对指标，即反映休闲时间构成或者利用情况的各种休闲时间占用率指标，如闲暇率即闲暇时间占全部生活时间（24 小时）的比重，以及各种休闲活动时间在总的休闲时间中所占的比重，如看电视的时间在全部休闲时间中的占比等。这类指标的通用公式为：

$$休闲活动时间占用率 = \frac{某类休闲活动所用时间平均数（分钟）}{全部休闲活动所用时间平均数（分钟）} \times 100\%$$

（3）休闲时间变动指标，即反映休闲时间变化和休闲时间配置倾向的相对数指标。王琪延（1999）提出了用来衡量闲暇时间配置倾向的“时间弹性”指标，其计算公式为：

$$某项活动的时间弹性 = \frac{休息日此项活动平均时间 - 工作日此项活动平均时间}{工作日此项活动平均时间}$$

该项指标是基于这样的理论假设提出的，即在工作日，由于工作压力，人们的闲暇活动要求不能得到充分满足，而一旦到了休息日，人们的时间足够充分，投入时间最多的活动内容一定是平时压抑最大的内容，也就是说，人们在休息日投向哪项活动的时间相对于工作日比例越大，表明这项活动的弹性越大，越是需要首先满足的内容。

但这一指标的实质是时间增长率指标，单纯依据这一指标值来判断人们对休闲时间的利用倾向，容易陷入“低基数高增长”的困境，以至于作出误判的不良后果。例如，一般来讲，于休息日参加宗教活动本是约定俗成的教规或风俗，人们在休息日用于该项活动的时间自然比工作日用于该项活动的时间长，导致据此指标计算的时间弹性有可能会非常大。例如，2008 年烟台在业者休闲调查中，工作日宗教活动平均时间为 0. 0746 分钟，休息日平均时间为 0. 5597 分钟，则宗教活动的时间弹性为 650%。如果据此做出这项活动是被压抑的活动，显然有失偏颇，因为无论是工作日还是休息日，该项时间都没有超过 1 分钟，在整个休闲时间中几乎是微不足道的时间。

为弥补时间弹性指标存在的缺陷，白日荣（2009）借鉴经济学中的增长贡献率指标，引入了“时间贡献度”指标，其计算公式为：

$$\text{某项休闲活动的时间贡献度}=\frac{\text{休闲日此项活动平均时间（分钟）}-\text{工作日此项活动平均时间（分钟）}}{\text{休息日平均休闲时间（分钟）}-\text{工作日平均休闲时间（分钟）}}\times 60\text{（秒）}$$

某项活动的时间贡献度意义为：休闲时间每增加 1 分钟，用在此项休闲活动的时间平均增加多少秒。

4.1.2 休闲时间统计分析框架

（1）一般性分析，即对研究对象整体休闲时间拥有量和休闲时间利用状况进行分析。包括对各类休闲活动平均时间占用情况和相互之间比例关系的研究。

（2）差异性分析，即分析研究不同对象之间、同一对象内部不同群体在休闲时间拥有量和休闲时间活动配置上的差异情形，以及同一对象在不同时间上休闲时间的差异情形。其中，基于人口统计学背景，对同一对象内部不同群体之间的差异研究，是休闲时间研究中重点关注的内容。

（3）影响因素分析，即对造成不同群体休闲时间拥有及时间配置差异的原因进行的分析。综合应用定性与定量相结合的方法，对影响休闲时间差异的因素进行深入剖析，了解各种因素的作用方向和强度，为相关决策制定提供依据。

4.2 北京市居民休闲时间拥有状况分析

为了更好地展示从时间利用的视角如何进行休闲需求研究，本书拟对北京市居民的休闲需求进行实证分析。研究数据来源于中国人民大学休闲经济研究中心于 2011 年 3 月完成的北京市居民生活时间利用调查（以下简称为“北京调查”)。调查对象是年龄为 14 ~ 80 岁的北京市居民，调查采用多阶段随机抽样和自填日记和问卷调查的形式。调查包括了简易时间日记、背景问卷和休闲生活参与状况问卷三部分内容。其中，时间日记以 10 分钟为时间记录单位，从 0 点开始到午夜 12 点结束，共计 144 个时间记录单位，分别记录一个工作日和一个休息日的时长为 24 小时的时间利用情况。调查背景问卷包括了年龄、性别、职业等 23 个问题。休闲活动参与状况问卷包括了参与体育休闲活动、兴趣娱乐类活动、学习研究、公益活动、游玩旅行等五大类活动的相关内容，包括活动参与频率、伙伴、地点、是否俱乐部活动以及活动消费支出等活动关联信息。调查人数为 1300 人，回收问卷 1240 份，问卷回收率为 95. 38%，其中有效问卷 1106 份，问卷有效率为 89. 19%。

4. 2. 1 北京市居民生活时间配置状况

根据生活时间构成的四分类法，将生活时间分为：为社会承担责任所占用的工作（学习）时间，被人的自然功能所占用的生活必需时间，为家庭承担责任所占用的家务劳动时间，以及个人可以自由支配的休闲时间四部分。根据 2011 年北京市居民时间利用调查数据，得到北京市居民四分法生活时间构成如表 4 – 1 所示。

表 4 – 1　　2011 年北京市居民生活时间组成

时间项目	工作日		休息日		日平均	
	时间（分钟）	占比（%）	时间（分钟）	占比（%）	时间（分钟）	占比（%）
工作（学习）时间	487. 50	33. 85	57. 36	3. 98	364. 60	25. 32
制度内工作（学习）时间	381. 59	26. 50	24. 78	1. 72	279. 64	19. 42
加班（课）加点工作时间	12. 60	0. 88	9. 70	0. 67	11. 77	0. 82
其他工作（学习）时间	14. 95	1. 04	11. 62	0. 81	14. 00	0. 97

续表

时间项目	工作日		休息日		日平均	
	时间（分钟）	占比（%）	时间（分钟）	占比（%）	时间（分钟）	占比（%）
上下班（学）路途时间	78.36	5.44	11.26	0.78	59.19	4.11
生活必需时间	668.46	46.42	763.35	53.01	695.57	48.30
睡眠	505.03	35.07	582.46	40.45	527.15	36.61
用餐	106.02	7.36	113.48	7.88	108.15	7.51
个人卫生	46.28	3.21	50.14	3.48	47.38	3.29
就医保健	2.31	0.16	3.81	0.26	2.74	0.19
其他生活必须时间	8.82	0.61	13.45	0.93	10.14	0.70
家务劳动时间	77.70	5.40	192.22	13.35	110.42	7.67
购买商品	13.04	0.91	60.99	4.24	26.74	1.86
做饭	25.67	1.78	45.10	3.13	31.22	2.17
洗衣物	7.23	0.50	29.39	2.04	13.56	0.94
照料孩子和老人	18.28	1.27	28.39	1.97	21.17	1.47
其他家务劳动时间	13.48	0.94	28.35	1.97	17.73	1.23
休闲时间	206.33	14.33	427.08	29.66	269.40	18.71

表4－1显示了根据调查数据计算的、北京市居民在工作日、休息日以及“周平均一日（简称日平均）”的四类生活时间拥有量，其中“周平均一日”，国内最早见于王雅林（1988）对哈尔滨市在业者时间利用调查研究中。其计算方法为对工作日时间和休息日时间进行加权平均，即：

$$\text{某项活动的日平均时间} = \text{该项活动工作日时间} \times \frac{5}{7} + \text{该项活动休闲日时间} \times \frac{2}{7}$$

这种处理方法也是目前时间利用研究中普遍采取的方法，2008年我国时间利用调查中也采用了同样的加权计算方法。本研究沿用了这一方法，目的是为了增加和国内同类研究的可比性。

从表4－1可以看出，根据调查结果，北京市居民周平均一日休闲时间为269.40分钟，其中工作日的休闲时间为206.33分钟，休息日这一时间增加到427.08分钟，比工作日休闲时间增加了220.75分钟，增加了一倍多。从图4－1时间利用结构比例看出，休息日和工作日相比，生活必需时间的变化相对其他三部分时间来讲，呈现刚性有余弹性不足的特点。结合表 4－1 中的具体项目可见，生活必需时间的变动中主要是由于睡眠时间延长导致的，由工作日的 505.03 分钟增长到休息日的 582.46 分钟，增加幅度为 75 分钟，其余活动时间变化较小。休闲时间的增长最为明显，休息日的休闲时间几乎占到了一天 24 小时的 1/3，虽然家务劳动时间也延长了 114.5 分钟，但占比较小。可见，休息日从工作日中节约下来的 430 分钟的工作时间中，绝大部分被休闲时间吸收，占到这部分结余时间的 1/2 以上。这一分析结果表明：通过技术创新提高劳动生产率，进一步减少劳动者工作时间，仍然是增加劳动者自由时间、满足个人身心发展需要和休闲需求的重要途径。

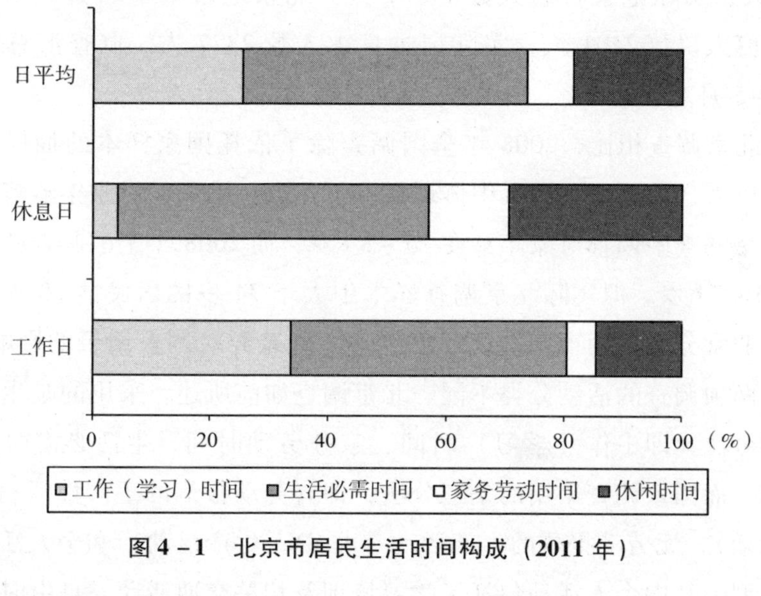

图 4－1　北京市居民生活时间构成（2011 年）

4.2.2　北京市居民休闲时间与其他地区的比较

为了更好地了解北京市居民休闲时间拥有量状况，最理想的方法是将同一时期不同地区的休闲时间进行比较。但是，基于 2011 年国内其他地区并没有类似的数据公布，在此本书将利用 2008 年国家统计局社会调查司组织进行的首次居民时间利用调查结果进行比较。

4.2.2.1 2008 时间利用调查有关情况说明

2008 年时间利用调查是由国家统计局社会调查司组织实施的、在全国范围内进行的大规模时间利用抽样调查（以下简称“全国调查”）。调查对象为抽中调查户中 15～74 岁的人口，其中调查户为现有的全部城镇国家样本和抽取的部分农村国家样本。该调查在北京、河北、黑龙江、浙江、安徽、河南、广东、四川、云南和甘肃 10 省市进行，共调查了 234 个市县（区）的 16661 个家庭户，调查户家庭人口数 41719 人，实际记录日志的人数 37142 人。其中城市家庭户 9107 户，调查家庭人口数 20360 人，实际记录日志人数 19621 人；农村家庭户 7554 户，调查家庭人口数 21359 人，实际记录日志人数 17521 人。北京地区城市家庭户 1000 户，调查家庭人口数 2401 人，实际记录日志人数 2377 人。调查汇总数据于 2009 年 5 月对外公布。

和北京调查相比，2008 年全国调查除了依托国家样本的抽样组织形式不同以外，二者的区别集中体现在以下几点：第一，对象年龄范围有差别。北京调查中调查对象年龄在 15～80 岁，而 2008 年全国调查的年龄范围在 15～74 岁。但实际北京调查样本中大于 74 岁的居民共 20 人，且年龄分布非常分散，两项调查在对象年龄上的差异对调查结果的影响较小。第二，两项调查的活动分类不同。北京调查如前所述，采用的是生活时间利用四分法，即工作（学习）时间、家务劳动时间、生活必需时间和休闲时间。而国家调查采用的是三分法，即有劳动报酬的生产性活动（SNA 生产活动）、无劳动报酬的生产活动（非 SNA 生产活动）和个人活动三种活动类型，其中个人活动包括了学习培训及相关交通活动、自由时间活动及其他未分类活动。这里的自由时间活动和四分类活动中的休闲活动范围基本吻合，区别在于北京调查中将公益活动时间包含在休闲时间内，而 2008 年全国调查中将该项活动纳入了非 SAN 生产活动。根据实际调查结果来看，参加公益活动的平均时间微乎其微，2008 年全国调查中绝大部分地区的公益活动平均时间在 1 分钟左右，所以这一归属性差异对自由时间的影响并不大。第三，2008 年全国调查中不仅包括城市地区，还包含农村地区，而北京调查仅限城市。

4.2.2.2　地区休闲时间比较

本书的实证分析主要是对北京城市居民的休闲需求进行研究，所以选用2008 年数据时只选取了相应地区城市部分的数据，详见表 4-2。

表 4-2　2008 年全国不同地区城市居民各类活动平均时间

地区	SNA 生产活动			非 SNA 生产活动	个人活动	
	合计	其中：就业活动	其中：交通时间		合计	其中：休闲时间
全国	248	195	42	176	1017	270
北京	261	206	51	161	1018	274
河北	240	194	40	186	1013	260
黑龙江	233	183	34	184	1023	268
浙江	259	203	43	170	1010	283
安徽	251	195	47	198	991	256
河南	241	190	41	172	1026	261
广东	259	199	46	163	1018	265
四川	244	199	37	172	1024	294
云南	253	202	40	169	1018	291
甘肃	237	183	41	183	1020	263

资料来源：根据《2008 时间利用调查汇编资料》相关数据整理。

表 4-2 中数据显示：全国城市居民平均休闲时间为 270 分钟。从同期参与调查的十个地区的城市数据来看，四川、云南和浙江三个地区城市居民休闲时间明显高于全国平均值，分别为 294 分钟、291 分钟和 283 分钟，北京市居民休闲时间略高于全国平均值，为 274 分钟，其余六个地区低于全国平均水平，其中安徽省城市居民休闲时间最短，为 256 分钟。可见从休闲时间拥有量来讲，存在着很明显的地区差异。结合其他生活时间利用部分来看，北京地区城市居民用于非 SNA 生产活动的时间在十个地区中是最低的，为 161 分钟，比最高的安徽少 37 分钟，比全国平均值少

15 分钟；但是 SNA 生产活动所用时间在十个地区中是最长的，为 261 分钟，比最低的黑龙江高 28 分钟，比全国平均水平 248 分钟高 13 分钟，其中就业活动和相关交通活动所用时间也是十个地区中最高的，分别为 206 分钟和 51 分钟。可见由非 SNA 生产活动所节约的时间优势被就业和相关交通活动时间的延长所抵消，致使个人活动时间仅和全国平均水平相当为 1018 分钟，由于个人活动时间中用于睡觉餐饮等方面的生活必需时间相对刚性，所以最终使得北京城市居民的休闲时间只和全国平均水平相当。这一统计结果表明：北京作为全国的政治、经济和文化中心，作为一个拥有常住人口超过 2000 多万人的国际大都市，激烈的竞争、快节奏的生活、拥堵的交通使得人们工作和通勤时间相对较长，这对于人们生活质量的提高和休闲需求的满足是个不容忽视的阻碍因素。

4.2.3　北京市居民休闲时间差异及影响因素

前文分析了北京市居民与其他地区城市居民休闲时间的差异，体现了处于同一地域空间内的北京市居民在生活时间配置上的群体特征。事实上，同一地区的居民受各种主客观因素的影响，在个体生活时间配置上同样不拘一格、方式各异。相关文献研究表明，男性的休闲时间明显多于女性，例如，哈尔滨男性平均休闲时间 292 分钟，女性平均休闲时间 211 分钟，男性比女性多 81 分钟（王雅林，1998），烟台城市在业男性平均休闲时间 268 分钟，女性 187 分钟，男性比女性多 81 分钟（白日荣，2009）；婚姻家庭状况也是影响休闲时间拥有量状况的重要因素，如单身族往往比已婚族拥有更多的休闲时光，而拥有三口之家的上班族成为最忙碌的一族；此外，不同年龄、学历、职业的人在时间的配置上也往往存在鲜明的类别特征。

为了进一步了解北京市居民休闲时间拥有量方面的差异特征，根据 2011 年北京调查背景问卷提供的人口统计特征数据和时间日记数据，通过方差分析，探讨分析基于人口统计学特征的休闲时间差异情形，并总结不同人群的休闲时间类别特征，分析结果见表 4－3。

表 4 – 3　　北京市居民不同类别人群平均休闲时间比较结果（2011 年）

背景变量	类别	均值（分钟）	F 值	背景变量	类别	均值（分钟）	F 值
性别	男	282.54	7.075*	婚姻状况	未婚	253.65	20.521*
	女	259.58			已婚	269.83	
年龄段	19 岁及以下	267.14	29.04*		离异、丧偶	388.20	
	20 ~ 24 岁	259.69		单位所有制	全民	254.33	4.996*
	25 ~ 29 岁	241.47			集体	290.39	
	30 ~ 39 岁	221.87			个体	218.68	
	40 ~ 49 岁	246.08			合资	215.34	
	50 ~ 60 岁	311.57			独制	235.78	
	60 岁以上	430.56			股份制	229.06	
教育程度	在校中学生	219.05	7.292*		其他	231.44	
	在校大学生研究生	259.88		工作性质	被雇佣	226.34	3.5*
	已毕业：小学	368.91			雇人业主	247.97	
	已毕业：初中	312.90			没雇人业主	152.10	
	已毕业：高中	292.23			公务员	274.23	
	已毕业：大学	247.47			企业职员	241.99	
	已毕业：研究生	242.18			在自家帮工	193.71	
	没上过学及其他	317.62			在自家公司职员	292.54	
就业状况	有工作的人：工作	238.60	58.543*	周工作时间	34 小时以下	284.62	9.940*
	有工作的人：边做家务边工作	210.96			35 ~ 42 小时	242.10	
	有工作的人：边上学边工作	226.01			43 ~ 48 小时	231.77	
	无工作的人：专干家事	388.81			49 ~ 59 小时	226.10	
	无工作的人：上学	313.11			60 小时以上	156.79	
	无工作的人：待业	394.21					
	无工作的人：其他	434.75					

注：“*”表明在 0.05 的显著性水平下统计检验结果显著，具有统计学意义，下文同，不再重复标注。

结果表明平均休闲时间在性别、婚姻状况、年龄、受教育程度、是否工作以及工作单位所有制、工作性质和周工作时间八个变量上的方差分析结果是显著的，其余变量不显著。结合具体的均值统计及不同类别之间的两两均值比较结果，总结北京市居民休闲时间拥有量特征如下：

（1）男性休闲时间明显多于女性。计算结果表明，男性的平均休闲时间为282.54分钟，而女性的平均休闲时间为259.58分钟，比男性少近23分钟。可见，在休闲时间拥有量方面存在着男女性别不平等现象。虽然随着社会的发展，女性在职场上越来越扮演着重要角色，但受传统家庭角色分工的影响，使得女性在家务劳动中投入的时间往往多于男性，从而使得自由时间少于男性。

（2）不同婚姻状况中休闲时间有差异。处于不同婚姻状况的人群，在休闲时间拥有量上有差异，从样本统计结果来看，未婚一族的平均休闲时间为253.65分钟，有配偶人士的平均休闲时间为269.83分钟，而离异和丧偶的人群的这一统计结果高达388.20分钟，比未婚和有配偶人士的休闲时间分别多134.55分钟和118.37分钟，方差分析结果显著。但未婚人士和有配偶人士的休闲时间并不具有显著差别，方法分析结果不显著，具体结果见表4-4。

表4-4　不同婚姻状况人群的平均休闲时间比较

（I）有无配偶	（J）有无配偶	均值差（I-J）	P值
未婚	有配偶	-16.18	0.069
	死别、离别	-134.55	0.000
有配偶	未婚	16.18	0.069
	死别、离别	-118.37	0.000
死别、离别	未婚	134.55	0.000
	有配偶	118.37	0.000

（3）受教育程度越高休闲时间相对越少。调查结果显示，不同受教育程度人群的休闲时间拥有量不同（见图4-2）。在学人群和已经毕业的

具有大学和研究生学历人群的平均休闲时间低于北京市居民平均休闲时间 269.41 分钟，其中以在校中学生最低，仅为 219.5 分钟，低于全市平均时间近 50 分钟；而受教育程度相对较低的人群却拥有更多的休闲时间，其中休闲时间最多的是只有小学文化程度的居民，他们的休闲时间高达 368.91 分钟，比全市居民平均休闲时间多出近 100 分钟，比最低组在校中学生多出近 150 分钟。表 4－5 的均值多重比较检验结果进一步证实这种差异的存在，在 0.05 的显著性水平下，受教育程度较低的人群和受教育程度较高的人群之间存在显著差异，尤其以只具有小学文化程度的人群差异特征最为明显。

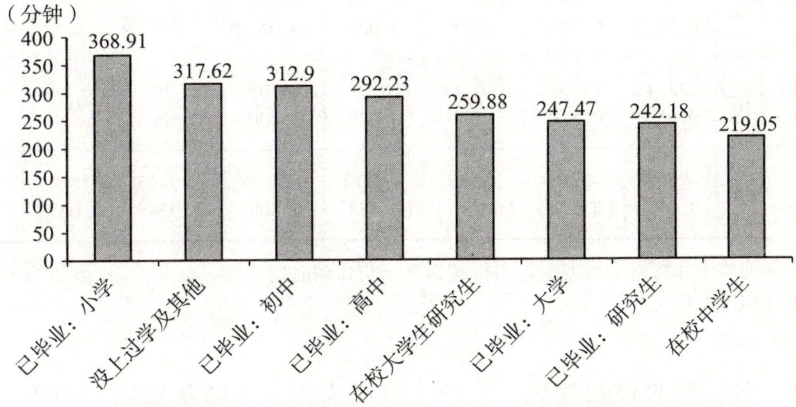

图 4－2　北京市不同受教育程度人群休闲时间对比

表 4－5　　北京市不同受教育程度人群的平均休闲时间多重比较

类别		在校中学生	在校大学生研究生	已毕业：小学	已毕业：初中	已毕业：高中	已毕业：大学	已毕业：研究生	没上过学及其他
		A1	A2	A3	A4	A5	A6	A7	A8
在校中学生	B1	0							
在校大学生研究生	B2	－40.83 （0.409）	0						

续表

类别		在校中学生	在校大学生研究生	已毕业：小学	已毕业：初中	已毕业：高中	已毕业：大学	已毕业：研究生	没上过学及其他
		A1	A2	A3	A4	A5	A6	A7	A8
已毕业：小学	B3	-149.87 (0.006)	-109.04 (0.001)	0					
已毕业：初中	B4	-93.86 (0.052)	-53.03 (0.011)	56.01 (0.067)	0				
已毕业：高中	B5	-73.18 (0.123)	-32.35 (0.087)	76.69 (0.009)	20.67 (0.177)	0			
已毕业：大学	B6	-28.42 (0.545)	12.41 (0.483)	121.45 (0.000)	65.44 (0.000)	44.76 (0.000)	0		
已毕业：研究生	B7	-23.13 (0.651)	17.70 (0.510)	126.74 (0.000)	70.73 (0.029)	50.05 (0.000)	5.29 (0.809)	0	
没上过学及其他	B8	-98.57 (0.077)	-57.74 (0.097)	51.30 (0.215)	-4.72 (0.424)	-25.39 (0.809)	-70.15 (0.024)	-75.44 (0.042)	0

注：单元格中的数据为列类别 A 与行类别 B 平均休闲时间之差，（ ）中数据为不同类别两两均值比较的 P 值。

这一统计结果值得深思，在学人群因为正处于储备知识和积累人力资本的特殊时期，休闲时间相对较少是符合常理的，也是对个人生活时间配置进行理性选择的综合反映。而高学历人群休闲时间的短缺，不能不说和北京城市的特点是息息相关的。北京作为国际大都市吸引了大量的高学历人才，但吸引的同时也意味着激烈的竞争，繁忙的工作和快节奏的生活成为职场人群的生活常态，闲暇时间减少成为追求工作提升的机会成本。

（4）休闲时间随年龄变化呈现“V”形。处在不同生命阶段的人，由于所扮演的角色和承担的责任不同，导致人们在时间分配上有着明显的阶段性特征。如表 4-3 所示，休闲时间拥有量，随年龄变化呈现出先降后升的不均衡分布特点，其中 30~39 岁的人群休闲时间最短仅有 221.87 分钟，低于平均休闲时间 269.41 分钟约 48 分钟，而 40 岁以后的生活中却呈现越来越悠闲的变化态势，尤其是到了 50 岁以后，休闲时间明显增多为 311.57 分钟，60 岁以后更是达到了最高峰值 430.56 分钟，休闲时间随年龄增长呈现出近似“V”形的分布形态。

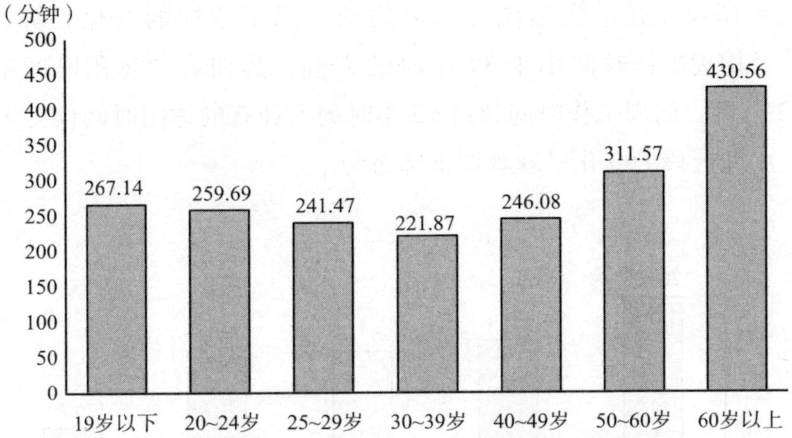

图 4-3　北京市不同年龄人群的休闲时间对比

30～39 岁的人群正处于担负重大责任的人生阶段，事业上处于职业打拼上升期，需要付出相当的时间和精力以便在职场上站稳脚跟，家庭中又处于上有老下有小的抚养关键期，事业和家庭的双重压力，致使这一年龄段的人群成为时间最紧缺的一族。而 50 岁以后的生活中，绝大部分人的工作已处于维持惯性阶段，甚至有一部分人已经进入即将退休的行列，60 岁以上的绝大部分人已经离开工作岗位过起了退休生活，工作时间的大量减少换来的是悠闲自在的时光，生活节奏放慢，休闲需求增长。如何更好地满足这一部分人群的休闲需求，是休闲规划和相关政策制定时必须考虑的一个重要因素。

（5）职场人士的休闲时间差别。社会生活中，休闲时间对于有无工作的人的差别是显而易见的，没有工作的人一定会比有工作的人拥有更多的休闲时间，所以二者在休闲时间拥有量上的差异必定是非常显著的。调查结果显示，北京市居民中有工作人士的平均休闲时间为 234.89 分钟，而没有工作的人的平均休闲时间为400.84分钟，后者远高于前者。但是，作为同在职场的人士，因工作单位性质、岗位性质和工作时间等方面的差异，不同在业人群的休闲之间也存在着不同的差距。

理论上来讲，周工作时间越长意味着休闲时间越短，这是由于时间的刚性约束所决定的。实际统计结果的确显示了这样的变化趋势，见图4－4。其中周工作时间小于34小时的人群，其拥有的休闲时间最长为284.62分钟，而周工作时间超过60小时的人拥有的休闲时间仅为159.79分钟，中间区段的变化呈现单调下降态势。

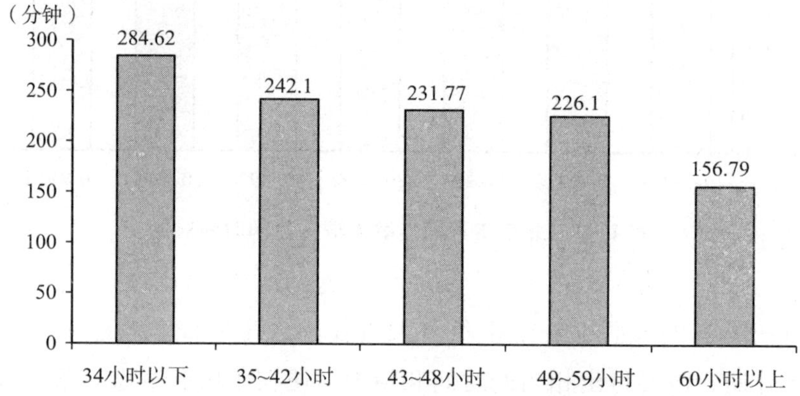

图4－4　北京市不同周工作时间的休闲时间对比

而不同所有制性质的工作单位，由于管理模式的差别，导致员工的休闲时间也存在不同程度的差异。如图4－5所示，集体所有制和全民所有制单位员工的休闲时间分别排第一位和第二位，分别为290.39分钟和254.33分钟，而排后两位的是个体和合资企业员工的休闲时间，分别为218.68分钟和215.34分钟，两类单位的休闲时间差异明显，最长的集体所有制和最短的合资企业的平均休闲时间差为75分钟。

从工作性质来看，为自家公司工作的人最自由，拥有休闲时间最多为292.54分钟；公务员次之，为274.23分钟；而没雇人的业主是最繁忙的一类人，凡事都得亲力亲为，致使休闲时间最少仅为152.10分钟。

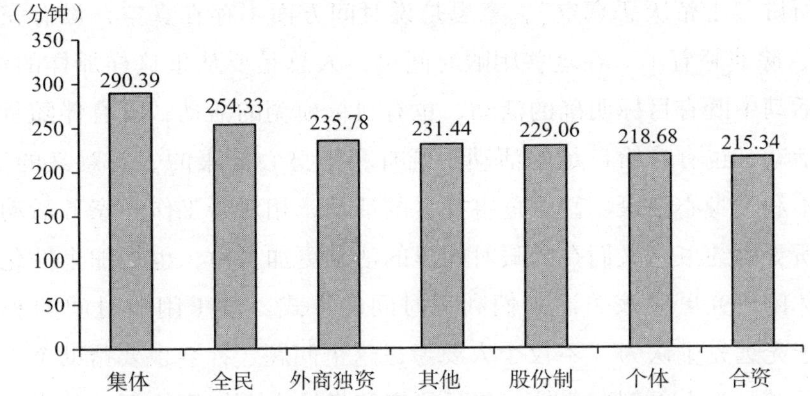

图 4－5　北京市不同所有制工作单位的休闲时间对比

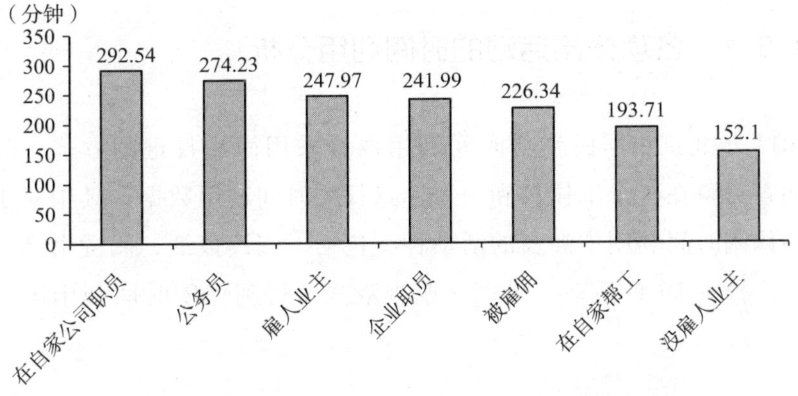

图 4－6　北京市不同工作性质人员的休闲时间对比

4.3　北京市居民休闲时间利用状况分析

前文分析了北京市居民的休闲时间拥有量状况及不同人群的差异特征。休闲研究中不仅要关注休闲时间量的多寡，更要关注休闲时间的实际支配去向和利用情况。如果说休闲时间资源是一种财富的话，那么如何使用这笔财富使内心需求得到满足，不仅是有关休闲需求的直接体现，也是人们休闲能力的一种间接量度。正如于光远先生在《论普遍有限的社会》

一书所讲“上帝厌恶真空”，意思是说时间方面不存在真空，没有完全的“闲”，除非睡着了。在这些闲暇时间里，人总是要从事这样那样的活动。这些活动中既有目标明确的活动，也有目标模糊的活动；既有伴随货币支付的活动，也有自给自足的活动；既有利于身心健康的、有意义的活动，也有不利于身心健康、甚至危害社会的活动。相对于工作和家务活动的义务和所受的约束，人们在闲暇时间里的活动更加自由，也更加个性化。因此，休闲研究更应该关注人们利用时间的方式。对于闲暇时间的利用方式，于光远先生认为“不仅个人要考虑这个问题，社会也要帮助个人解决这个问题，为个人创造条件，包括研究和指导个人如何休闲，并为休闲业从事策划工作”。

4.3.1 各项休闲活动的时间利用分析

2011 年北京市居民生活时间利用调查采用简易日记的方式，分别采集了调查对象在一个工作日和一个休息日的时间利用数据，其中对于自由支配的休闲时间利用中涉及的活动种类包括了阅读报纸、阅读书刊、看电视、听广播等 16 种活动。根据该调查数据，得到休闲时间利用统计结果见表 4 - 6。

表 4 - 6　　北京市居民各种休闲活动平均时间　　单位：分钟

活动项目	样本量	工作日	休息日	日平均
看电视	1106	80.38	140.74	97.63
非工作时间上网	1106	29.95	69.63	41.29
休息	1106	22.54	32.40	25.36
游园散步	1106	18.95	41.18	25.30
其他娱乐	1106	11.31	38.66	19.13
其他自由时间	1106	11.66	20.19	14.10
体育锻炼	1106	7.16	15.01	9.40

续表

活动项目	样本量	工作日	休息日	日平均
探访接待亲友	1106	3.03	22.41	8.57
阅读书刊	1106	5.45	14.78	8.12
阅读报纸	1106	3.92	7.55	4.96
学习科学文化知识	1106	3.83	7.65	4.92
听广播	1106	3.53	5.38	4.06
教育子女	1106	2.86	4.95	3.46
观看影剧文体表演	1106	0.92	2.78	1.45
公益活动	1106	0.52	1.66	0.85
观看各种展览	1106	0.30	2.10	0.81
全部休闲时间	1106	206.33	427.08	269.40

4.3.1.1　休闲活动平均时间

统计结果显示：工作日中，平均休闲时间总量为206.33分钟，其中看电视时间为80.38分钟，非工作上网时间29.95分钟，两项合计110.33分钟，占全部休闲时间的53.47%；用于休息（主要指闭目养神）和游园散步的时间分别为22.54分钟和18.95分钟，两项合计41.49分钟；用于体育锻炼的时间为7.16分钟，而读书、看报和学习科学文化知识的时间共计13.21分钟；其中用时最少的三项活动分别为观看影剧文体表演、参加公益活动以及参观展览的时间，分别为0.92分钟、0.52分钟和0.3分钟。

休息日中，休闲时间总量大幅增加，由工作日的206.33分钟增加到427.08分钟，是工作日休闲时间总量的2倍多，分配到各项活动中的时间也明显增加。其中用于看电视的时间为140.74分钟，增加到工作日的1.75倍，上网时间为69.63分钟，是工作日的2.32倍，两者合计210.37分钟，依然占到全部休闲时间的49.26%；用于休息和游园散步的时间分别为32.40分钟和41.18分钟，其中游园散步的时间增加到工作日的两倍多；用于体育锻炼的时间增加到15.01分钟，读书看报和学习时间增加到

29.98 分钟；用于观看影剧文体表演、公益活动和参观展览的时间依然是最少的，分别为 2.78 分钟、1.66 分钟和 2.10 分钟；和工作日相比，其中变化最大的是用于探亲访友的时间，由工作日的 3.03 分钟增加到休息日的 22.41 分钟，增加到了工作日相应时间的 7.4 倍。需要说明的是，由于在调查日记的活动种类设计中只列出了主要的休闲活动，因不可能尽数各种娱乐及其他休闲活动，从分类完备的角度设计了“其他娱乐”及“其他自由时间”项，而因“其他”项包含的内容模糊性，所以尽管相应项目的时间量不容忽视，但在此没有特别分析。

从周平均一日来看，在全部 269.40 分钟中，不考虑“其他”项，按所用时间的长短排在前五位的分别是：看电视时间为 97.63 分钟，非工作时间上网 41.29 分钟，休息时间为 25.36 分钟，游园散步为 25.30 分钟，体育锻炼时间 9.40 分钟，见图 4-7；用于阅读报刊和学习的时间总和为 18 分钟；排在后三位的是观看展览、参加公益活动和观看影剧文体表演，时间分别为 0.85 分钟、0.85 分钟和 1.45 分钟。

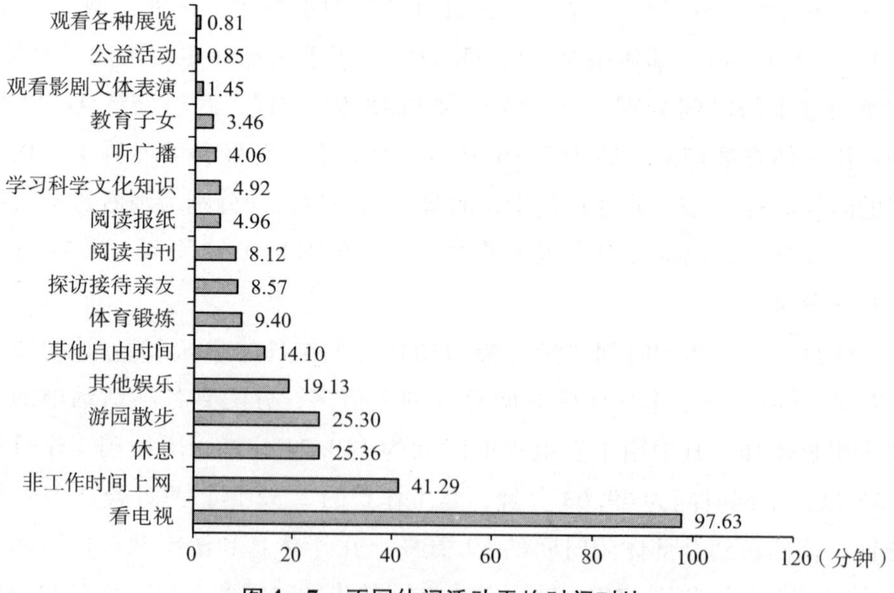

图 4-7　不同休闲活动平均时间对比

综合以上分析，北京市居民休闲时间资源的配置中，有一半的资源花费在了看电视和互联网活动中，尤其是看电视时间占了绝对份额。这一结果和其他相关文献中有关休闲时间利用方式的研究结果相仿。可见现代人的休闲生活中，电视和互联网起着举足轻重的作用，这一现象对于电视机相关产业、电视节目制作和互联网传媒业、甚至传媒管理机构来讲意义重大。如何发展和应用新技术、如何规范节目内容、引导媒体受众养成健康、积极的休闲生活方式，都是需要思考并采取应对措施的问题。

4.3.1.2 休闲活动参与者平均时间及参与率

前面分析了各项休闲活动的平均时间，是在全部被访对象范围内计算的各项活动平均占用时间。事实上，人们实际参与休闲活动的情况是有差别的，不是每一项休闲活动都会人人参与其中。换言之，每个人参与休闲活动的种类是不同的、有限的。了解人们对各种休闲活动的实际参与情况，对于进行休闲需求研究和有针对性地进行休闲规划意义重大。

表4-7为北京市居民各种休闲活动的参与率以及参与者平均时间（前文已对这两指标的意义和计算方法有过说明）。为了更好地反映这些活动的特点，将统计结果按照工作日参与率降序进行了排列，并据此绘制不同休闲活动在参与率和平均参与时间二维平面中的分布散点，如图4-8所示。

表4-7　　北京市居民各种休闲活动的参与率和参与者平均时间

活动项目	工作日			休息日		
	样本量	参与率（%）	平均时间（分钟）	样本量	参与率（%）	平均时间（分钟）
看电视	675	61.03	131.7	818	73.96	190.29
休息	336	30.38	74.2	356	32.19	100.65
非工作时间上网	294	26.58	112.69	404	36.53	190.62
游园散步	226	20.43	92.74	391	35.35	116.47
其他自由时间	149	13.47	86.58	182	16.46	122.69
体育锻炼	100	9.04	79.2	148	13.38	112.16
其他娱乐	99	8.95	126.36	219	19.80	195.25

续表

活动项目	工作日			休息日		
	样本量	参与率（%）	平均时间（分钟）	样本量	参与率（%）	平均时间（分钟）
阅读书刊	98	8.86	61.53	164	14.83	99.7
阅读报纸	96	8.68	45.21	137	12.39	60.95
听广播	48	4.34	81.25	70	6.33	85
学习科学文化知识	43	3.89	98.6	62	5.61	136.45
教育子女	42	3.8	75.24	54	4.88	101.48
探访接待亲友	29	2.62	115.52	127	11.48	195.2
观看各种展览	6	0.54	55	17	1.54	136.47
公益活动	5	0.45	116	11	0.99	167.27
观看影剧文体表演	4	0.36	255	25	2.26	123.2

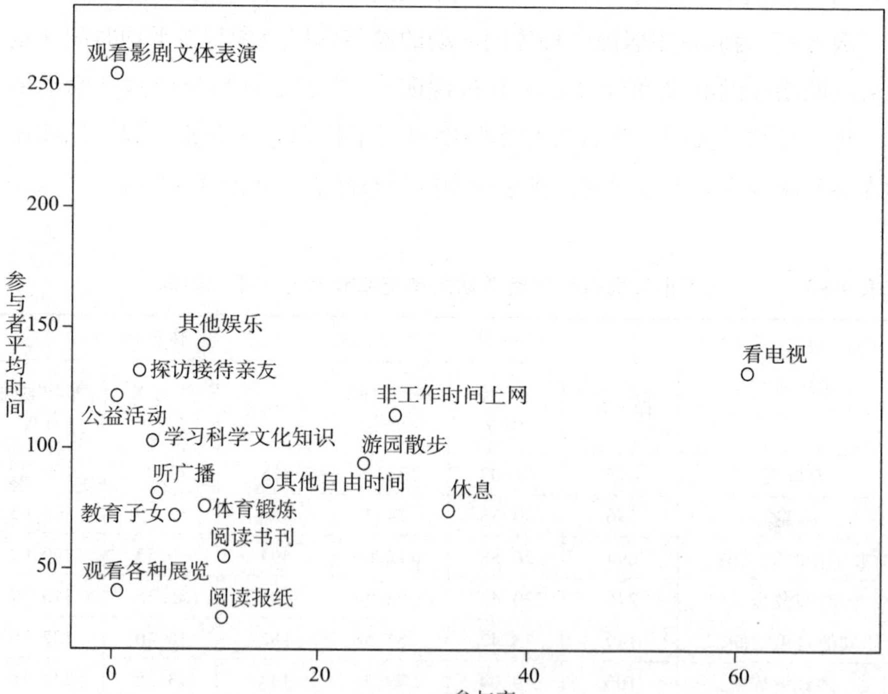

（a）调查日类型：工作日

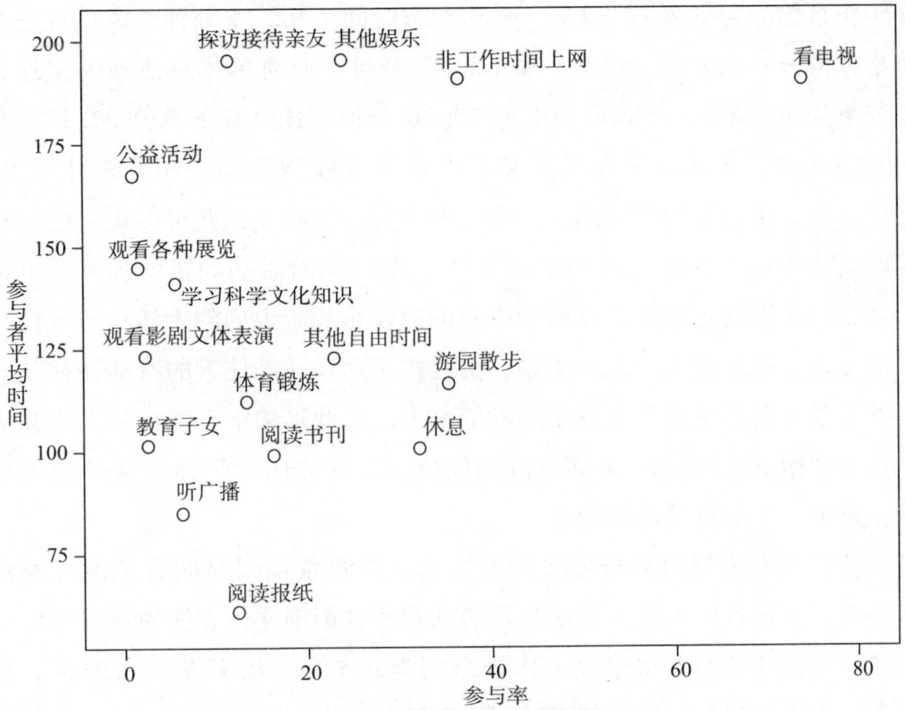

（b）调查日类型：休息日

图 4－8　各种休闲活动的参与状况分布

以上统计结果除了体现出和前文分析中所指的总体特点外，由于分析范围由全体被调查对象缩小到参与者范围，即由于参与率的加入和参与者平均时间的计算，使得休闲活动的特征更加鲜明。活动特性总结如下：

（1）参与率高、参与时间长的“双高”活动。工作日看电视的参与率为 61.03%，平均参与时间为 131.7 分钟，休息日这一活动的参与率上升到 73.96%，平均参与时间为 190.29 分钟。工作日非工作互联网活动的参与率为 26.58%，平均参与时间为 112.69 分钟，而到了休息日，参与率上升到 36.53%，平均休闲时间上升到 190.62 分钟。休息日的双高特征尤其明显，如图 4－8 所示看电视和非工作上网活动显示出非常鲜明的离群特性，尤其以看电视更为突出。

此外，游园散步和简单休息活动也可以划为此类活动，其中游园散步在工作日的参与率为20.43%、平均参与时间为92.74分钟，休息日这两个指标值分别上升到35.35%和116.47分钟；而简单休息活动的工作日参与率为30.38%、平均参与时间74.20分钟，休息日上升到32.19%和100.65分钟。对比这两项活动和看电视及互联网活动的相关统计结果，无论是参与率还是参与时间，均和后两者存在差距，因此可以说看电视和互联网休闲在所有休闲活动中属于“双高”休闲活动的第一梯队。电视和互联网特别是互联网正以前所未有的速度影响着人们的生活，不仅仅是生活方式、社交方式、人际关系，更是由于两项活动使人的身体往往长时间处于单一姿势从而带来健康风险的增大。在此形势下，如何使人们在满足自身休闲需求的同时保持身体的健康、发挥休闲对个体生活的积极效应，成为一个值得关注的问题。

（2）参与率低但参与时间长的活动。在北京调查时间日记所涉及的活动中，参观各种展览、参加公益活动和观看影剧文体表演的参与率是最低的，三种活动的参与率在工作日分别为0.54%、0.45%和0.36%，在休息日略微有所上升，但依然是最低的，分别为1.54%、0.99%和2.26%，而平均参与时间却有不俗的表现，三种活动在工作日的平均参与时间分别为55分钟、116分钟和255分钟，而在休息日的平均参与时间分别为136.47分钟、167.27分钟和123.23分钟，所以说以上活动属于参与率不高、但参与时间长的休闲活动。除了以上活动以外，另有一项活动值得一提，探访接待亲友活动在平时工作日期间参与率也不高，为2.62%，平均参与时间为115.52分钟，但于休息日这一活动的参与率明显提高为11.48%，平均参与时间为195.2分钟。

从休闲活动的性质来看，参观博物馆等展览活动和观看影剧文体表演等活动能够开阔人的视野、陶冶人的情操、提高人的修养，而参与公益活动更是个人突破自我、延伸个人社会价值的具体表现，这些活动均属于积极的休闲活动。按照需求层次理论，这类活动体现着人们在精神层面的高层次需求，所以应该是努力引导、提倡并设法满足的休闲需求活动。事实上，随着我国经济、社会各方面的长足发展，越来越多的人在满足物质需求的同时也越来越追求精神层面的享受，成为未来发展的必然趋势。这一趋势也给我们的教育部门、公共管理部门和产业部门提出新的要求，例如，教育部门应该考虑如何提升人们的艺术鉴赏力，公共管理部门应该如何进行相关公共资源的布局和管理，产业部门应该考虑如何进行市场开发、产业布局以便更好以市场的方式满足人们在这方面的休闲需求。就拿公共管理部门来讲，北京市 2013 年年末常住人口为 2115 万人，如果按照本次抽样调查中各种展览休息日参与率 1.54% 计算的话，休息日平均参观展览的常住人口估计值约为 33 万人，这一数字对于北京市各类博物馆类的展览机构来讲具有现实意义，涉及这类资源的规模数量、接待能力和管理制度等方面的问题。

（3）参与率表现平庸、参与时间相对较短的活动。在调查所涉及的 16 项活动中，参与率不高不低，同时平均参与时间相对较短的活动集中体现在以下五项活动：体育锻炼在工作日的参与率为 9.04%，平均参与时间为 79.2 分钟，休息日参与率上升到 13.38%，平均参与时间延长到 112.16 分钟；听广播于工作日和休息日的变化较小，工作日参与率为 4.34%，平均参与时间为 81.25 分钟，休息日参与率为 6.32%，平均参与时间为 85 分钟；阅读书刊、报纸和学习科学文化知识在工作日的参与率分别为 8.86%、8.68% 和 3.89%，平均参与时间分别为 61.53 分钟、45.21 分钟和 98.6 分钟，休息日参与率分别为 14.83%、12.39% 和 5.61%，平均参与时间分别为 99.7 分钟、60.95 分钟和 136.45 分钟。

在互联网快速发展、媒体方式层出变化的今天，作为一种传统的媒体方式，广播受众比率下降、参与率低的特点是一种必然的趋势。但是在现代人的生活中，体育锻炼和阅读及学习活动依然应该是非常重要的自我管理方式，不仅关系到现代人的身体健康也关系到人们的精神健康和心理境界，追求健康能动、积极向上的生活方式应该是社会生活的正向标准。和看电视、互联网活动相比，参与体育锻炼、坚持阅读习惯和保持好学上进等活动的参与率明显偏低，参与时间明显偏短。这是一个值得注意的现象，对于我们的宣传部门、教育部门及其他相关公共管理部门都是一个值得关注和研究的问题。

4.3.2 各项休闲活动的时间变动分析

前文分析了北京市居民各项休闲活动的参与情形，包括参与比率和时间占用量，借此了解北京市居民在工作日、休息日以及平均一周每日的各项休闲活动参与人数规模，以及各项休闲活动参与时间规模，反映了人们现有的休闲生活方式。

随着科技、经济和社会的发展，劳动生产率将会进一步提高，人们用于工作的时间必将进一步缩短，可以自由支配的休闲时间必将进一步延长。在这样的趋势下，人们将如何改变自己的休闲生活方式以适应这种变化，并最终满足自身的休闲需求，显然是个值得研究探讨的问题。

正如人们的消费结构是由收入约束下的消费需求决定的，而消费需求可以由消费需求倾向来测定一样。在休闲时间总量的约束下，人们的休闲生活方式和休闲需求可以通过各项休闲活动时间配置来体现，而休闲活动时间配置的变化可以通过各项休闲活动时间配置倾向指标来进行描述。

表4－8为根据各项休闲活动平均时间计算的时间变动相对测度指标值（有关指标的含义和计算方式见本章第一节相关内容）。从反映时间变化率的指标时间弹性的统计结果来看，休闲时间总的弹性值为106.99%，各类休闲活动的时间弹性高低参差不齐，按照弹性值的高低大致可以将所有活动分为四大类：第一类包括探访接待亲友和参观各种展览，其时间弹性远远大于其他活动，分别为639.60%和600%；第二类包括公益活动、观看影剧文体表演及其他娱乐活动，三者的时间弹性值分别为219.23%、202.17%和241.82%；第三类包括非工作时间上网、游园散步、体育锻炼和阅读书刊，时间弹性分别为132.49%、117.31%、109.64%和171.19%；第四类包括其余所有活动类别，时间弹性值均低于100%，其中相对较高的两项活动为学习科学文化知识和阅读书刊，时间弹性分别为99.74%和92.60%，最低的是简单休息，弹性仅为43.74%。以上四类活

动中，前三类活动之间虽然时间弹性差异较大，但其共同特点是时间弹性值均高于休闲时间总体弹性值 106.99%；但第四类活动的时间弹性明显低于总体弹性值。

表 4－8　　　　　　　　各种休闲活动的时间变动

活动项目	工作日平均时间（分钟）	休息日平均时间（分钟）	时间弹性（%）	时间贡献度（秒）
看电视	80.38	140.74	75.09	16.41
非工作时间上网	29.95	69.63	132.49	10.79
休息	22.54	32.40	43.74	2.68
游园散步	18.95	41.18	117.31	6.04
其他娱乐	11.31	38.66	241.82	7.43
其他自由时间	11.66	20.19	73.16	2.32
体育锻炼	7.16	15.01	109.64	2.13
探访接待亲友	3.03	22.41	639.60	5.27
阅读书刊	5.45	14.78	171.19	2.54
阅读报纸	3.92	7.55	92.60	0.99
学习科学文化知识	3.83	7.65	99.74	1.04
听广播	3.53	5.38	52.41	0.50
教育子女	2.86	4.95	73.08	0.57
观看影剧文体表演	0.92	2.78	202.17	0.51
公益活动	0.52	1.66	219.23	0.31
观看各种展览	0.30	2.10	600.00	0.49
全部休闲时间	206.33	427.08	106.99	60.00

以上统计结果表明，在休闲时间量总体延长的条件下，用于不同休闲活动的时间的变化率是不相同的，时间弹性高的活动体现出了较高的变化倾向，从理论上来讲意味着随着休闲时间的增加，人们更愿意将时间花费在这些活动中，体现了人们在时间配置上的一种倾向。但是，从时间弹性

指标的计算来看，该指标其实是个增长率指标，其值的大小容易受到计算基数绝对值大小的影响，会导致低基数高增长和高基数低增长情形的发生，所以单纯依赖相对数指标对变化趋势进行判断，有时会得出偏颇的结论。为了更加客观地描述休闲时间在各种活动上的配置倾向，最好结合时间贡献度指标进行综合判断。

表4－8的统计结果显示，时间贡献度高于5秒的活动依次为看电视、非工作上网、其他娱乐、游园散步和探访接待亲友，分别为16.41秒、10.79秒、7.43秒、6.04秒和5.27秒；小于5秒大于1秒的活动依次为休息、阅读书刊、体育锻炼和学习科学文化知识，时间贡献度分别为2.68秒、2.54秒、2.13秒和1.04秒；其余活动均小于1秒，其中最短的是公益活动，时间贡献度仅为0.31秒。根据时间贡献度的含义，以上统计结果意味着，休闲时间每增加1分钟即60秒，花费在各项休闲活动的时间平均增加多少秒。显然延长的休闲时间中有超过一半的时间用在了看电视、互联网活动和娱乐活动中，其中尤其以看电视的时间工作贡献度最高，占到全部60秒的27.35%，接近1/3，在所有活动中可谓独树一帜。而看电视的时间弹性却并不高只有75%，在所有活动中时间弹性相对较低，因此，看电视这一项活动属于典型的高基数低增长活动。和看电视表现相反的是，有些活动的时间贡献度很低，但时间弹性值却很高，如观看影剧文体表演、参观各种展览和公益活动的时间贡献度分别为0.51秒、0.49秒和0.31秒，基本属于时间贡献度最低的三类活动，但其时间弹性值却很高，分别为202.17%、600%和219.23%，所以这三类活动可以归结为低基数高增长的情形。因为以上情形的出现，单纯依据时间弹性研究各种活动时间变化倾向显然是不足的，需要将二者结合起来进行综合考虑。图4－9是16项活动在时间弹性和时间贡献度二维平面中的分布图，16项活动的类别特征明显。其中绝大部分活动集中在靠近坐标原点的角落，明显离群的活动有6项，从左上角到右下角依次为看电视、非工作时间上网、游园散步、其他娱乐、探访接待亲友和观看各种展览。这一结果表明总体上来讲，北京市居民的休闲生活是非常单调的，看电视和上

网是闲暇时间里的主要活动。

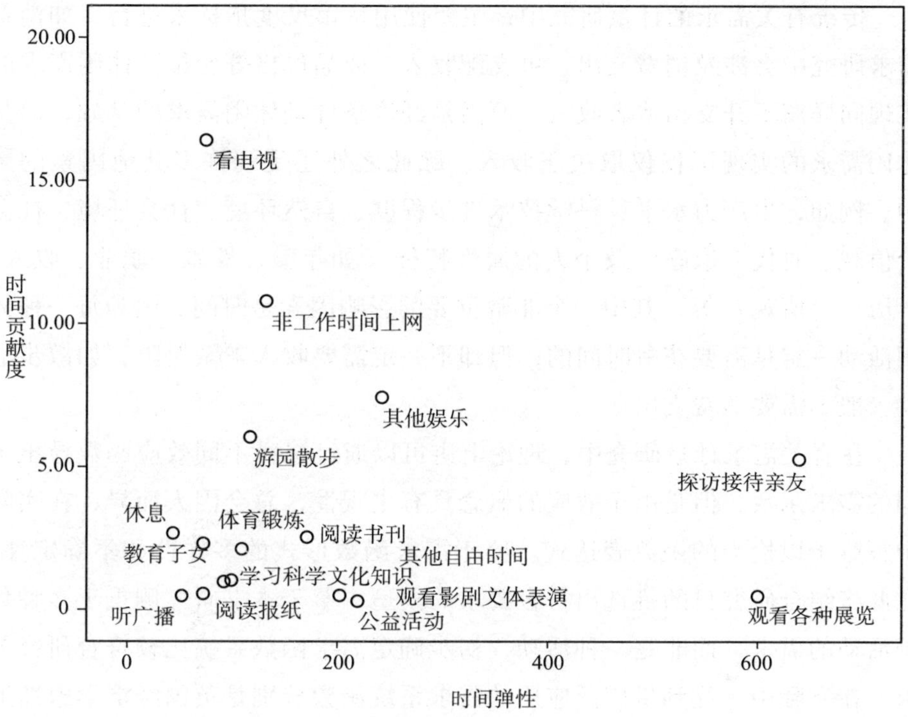

图 4-9 不同休闲活动时间变化对比

4.3.3 基于扩展线性支出系统的休闲需求分析

以上分析为基于时间日记数据，对 16 项休闲活动在工作日平均时间和休息日平均数据进行对比得到的统计结果。这一对比分析的理论依据为，休息日的休闲时间多于工作日休闲时间，在这种时间总量增加的前提下来研究各种休闲活动各自的时间变化程度，实际上这种分析结果体现的是在休闲时间总量增加的前提下，各种休闲活动时间发生变化的综合结果，并未分离出单个活动在其他活动时间不变的情形下的时间变化倾向。本书在此将借鉴经济学中关于消费需求的计量分析原理和方法，从时间维度来衡量研究对象的休闲需求。

4.3.3.1 理论分析及模型选择

传统有关需求的计量研究中，主要使用货币尺度指标来进行，如消费需求研究中会涉及消费支出、可支配收入、商品价格等变量。休闲需求的实现同样离不开支出或者收入，原因是经济条件是休闲需求的基础，但是休闲需求的实现不仅仅取决于收入，除此之外还受到许多其他因素的影响，例如，生产力水平、科学技术进步程度、自然环境、社会环境、社会价值观、时代、家庭以及个人的属性特征（如年龄、性别、职业、收入、学历、价值观）等，其中一个非常重要的影响因素是时间，因为每一种休闲活动一定是需要花费时间的，但却不一定需要收入来做保障，如散步活动一般不需要消费支出。

在有关需求计量研究中，理论上讲可以通过选择不同效应函数导出不同的需求函数，但是由于效应的概念具有主观性，总会因人而异，在实际中很难予以恰当的函数表达式。鉴于需求函数形式的多样性和不确定性，在此将结合研究目的挑选出符合要求的模型。鉴于本书研究侧重于多种休闲活动的需求，而非是一种活动，初步确定需求函数系统比较符合研究要求。在实际中，受到最广泛应用的需求系统函数分别是英国经济学家斯通（R. Stone）于1954年提出的线性支出系统（LES）和经济学家C. L. Luch于1973年提出的扩展线性支出系统（ELES）。

线性支出系统（LES）需求函数的表达式为：

$$p_i x_i = p_i x_i^0 + b_i (v - \sum_{i=1}^{n} p_i x_i^0),\ i = 1, 2, \cdots, n \qquad (4.1)$$

其中，p_i 为第 i 种商品的价格，x_i 为第 i 种商品的实际需求量，x_i^0 为第 i 种商品的基本需求量，b_i 为第 i 种商品的边际预算份额，V 为支出总预算，n 为消费类型数目。式（4.1）表示某种商品的实际消费支出等于对该种商品的基本消费需求和支出总预算中超过各种商品基本需求之后用于该商品的超额需求之和。

LES 虽然有较强的理论依据，但是参数估计比较困难。原因是模型的支出总预算 V 是内生变量，无法外生获得 V 的准确数据，使得模型成为非线性模型，而且对于所有的基本需求量 X_i^0 在每一个方程都出现，同时 b_i 的估计值必须满足约束条件 $\sum b_i = 1$，使得模型难以估计。为克服 LES 的不足，1973 年经济学家 C. L. Luch 对 LES 进行了改进，用外生变量可支配收入 I 代替了内生变量 V，用边际消费倾向 β_i 代替边际预算份额 b_i，于是得到扩展线性支出系统（ELES）的函数表达式为：

$$p_i x_i = p_i x_i^0 + \beta_i (I - \sum_{i=1}^{n} p_i x_i^0), i = 1, 2, \cdots, n \tag{4.2}$$

其中，$x_i > x_i^0$，$0 < \beta_i < 1$，边际消费倾向 β_i 表示基本消费需求满足后，可支配收入 I 每增加一元，第 i 类消费品的支出将增加 β_i 元，β_i 值的大小表示消费者在未来消费中对第 i 类消费品增加支出的倾向。如果 $\sum_{i=1}^{n} \beta_i < 1$，说明消费者的收入除了消费以外还有一定数量的结余可用于储蓄；相反如果 $\sum_{i=1}^{n} \beta_i > 1$，则说明消费者本期的收入是入不敷出的。

ELES 相对于 LES 来讲，其经济意义更加清晰。消费者对于每一种商品的消费 $p_i x_i$ 可以分解为两部分：一部分为基本需求 $p_i x_i^0$，另一部分为超过基本支出的收入部分 $I - \sum_{i=1}^{n} p_i x_i^0$ 用于第 i 种商品的支出。

根据以上函数得到扩展线性支出系统计量模型如下：

$$p_i x_i = p_i x_i^0 + \beta_i (1 - \sum_{i=1}^{n} p_i x_i^0) + \mu_i, i = 1, 2, \cdots, n \tag{4.3}$$

其中，μ_i 为与收入无关的随机变量，且假定其期望等于 0。

如果令

$$\alpha_i = p_i x_i^0 - \beta_i \sum_{i=1}^{n} p_i x_i^0 \tag{4.4}$$

则式（4.3）可以改写为：

$$p_i x_i = \alpha_i + \beta_i I + \mu_i, i = 1, 2, \cdots, n \tag{4.5}$$

利用消费者包含可支配收入和各种商品消费支出的截面资料，采用最小二乘法得到回归估计系数 α_i 和 β_i 的估计值。

对式（4.4）两边求和并整理，可以得到：

$$\sum_{i=1}^{n}\alpha_i = \sum_{i=1}^{n}p_ix_i^0 - \sum_{i=1}^{n}\beta_i\sum_{i=1}^{n}p_ix_i^0 = (1 - \sum_{i=1}^{n}\beta_i)\sum_{i=1}^{n}p_ix_i^0$$

即

$$\sum_{i=1}^{n}p_ix_i^0 = \frac{\sum_{i=1}^{n}\alpha_i}{1 - \sum_{i=1}^{n}\beta_i} \tag{4.6}$$

将式（4.6）带入式（4.4），于是得到对于第 i 种商品的基本消费需求为：

$$p_ix_i^0 = \alpha_i + \frac{\beta_i\sum_{i=1}^{n}\alpha_i}{1 - \sum_{i=1}^{n}\beta_i} \tag{4.7}$$

也可以得到对第 i 种商品的超额消费需求支出为：

$$\beta_i(1 - \sum_{i=1}^{n}p_ix_i^0) = \beta_i\left(I - \frac{\sum_{i=1}^{n}\alpha_i}{1 - \sum_{i=1}^{n}\beta_i}\right) \tag{4.8}$$

在扩展线性支出系统的基础上研究休闲需求必须考虑如何利用可得的资料估计参数。就扩展线性支出系统模型本身而言，估计参数时应该具备每种休闲活动（商品、服务）的价格 p_i 和需求量 x_i 以及收入水平 I。但事实上，获得这些资料存在一些困难。

首先，休闲活动需求量难以用统一的尺度测量 x_i。与其他商品不同的是，由于休闲活动种类繁多、形态多样，很难准确地测量休闲需求量，对于不同人而言，衡量需求量的尺度是不同的。例如，看电视这种常见的休闲活动，有些人认为衡量自身对看电视的需求可以用时间，另一些人则会认为应该用电视节目的数量。

其次，有些休闲活动的价格不可测量。在众多的休闲活动中，有些需要支付一定的费用才能满足休闲需求，而更多休闲活动不需要支付任何的费用，例如，在家中看电视、上网，在公共场所散步、参加公益活动等。

鉴于以上两点原因，使用休闲活动（商品、服务）的价格 p_i 和需求量 x_i 以及收入水平 I 这些资料进行参数估计不具备可行性。

虽然无法利用价格、收入等经济因素直接研究休闲需求，但是完全可以使用时间这一特殊的概念进行研究。传统经济需求理论只关注在收入预算的约束下研究需求问题，而忽视了时间预算的约束。事实上休闲需求除了受到价格、收入等经济因素约束以外，还会受到时间的约束，因为从事任何一种休闲活动都必须耗费时间。在一天 24 小时中扣除个人必需时间 G_1 后，才是可用于休闲的理论时间 T，即 $G_1 + T = 24$。作为理性人，为了追求效益最大化，必须合理地配置时间资源，在各种休闲活动中分配有限的时间，分配到每种休闲活动的时间分别为：t_1，t_2，…，t_n。由于任何休闲活动都需要消费时间，可以把这部分时间视为在每种休闲活动的消费额（t_i 相当于 $p_i x_i$）；与休闲活动的消费额要受到收入水平约束相同，各种休闲时间的配置也受到时间 T 的约束，因此可用休闲活动的理论时间 T 替代休闲消费的收入限制（T 相当于 I）。于是，用时间因素替代与经济因素相关的价格、收入水平，扩展线性支出系统需求函数式（4.2）将改写为：

$$\begin{cases} t_i = t_i^0 + \beta_i(T - \sum t_i^0) \\ \sum_{i=1}^{n} t_i \leqslant T \\ 0 < \beta_i < 1 \\ \sum_{i=1}^{n} \beta_i < 1 \end{cases} \tag{4.9}$$

其中，t_i^0 为第 i 种休闲活动的基本需求量，待估参数；t_i 为第 i 种休闲的实际需求量；β_i 为边际需求倾向，在可任意支配的时间每增加一个单位用于第 i 种活动的份额，待估参数；$T - \sum t_i^0$ 为可任意分配到各种休闲活动的时间。

于是得到休闲需求的扩展线性支出系统计量模型为：

$$t_i = t_i^0 + \beta_i(T - \sum_{i=1}^{n} t_i^0) + \mu_i,\ i = 1, 2, \cdots, n \tag{4.10}$$

令

$$\alpha_i = t_i^0 - \beta_i \sum_{i=1}^{n} t_i^0 \tag{4.11}$$

得到：

$$t_i = \alpha_i + \beta_i T + \mu_i,\ i = 1,\ 2,\ \cdots,\ n \tag{4.12}$$

利用各项休闲活动所花费的实际时间和可支配的自由时间，利用截面数据资料可以通过最小二乘得到回归系数 α_i 和 β_i 的估计值。

于是得到各项休闲活动的基本需求：

$$\sum_{i=1}^{n} t_i^0 = \frac{\sum_{i=1}^{n} \alpha_i}{1 - \sum_{i=1}^{n} \beta_i} \tag{4.13}$$

第 i 种休闲活动的基本需求为：

$$t_i^0 = \alpha_i + \frac{\beta_i \sum_{i=1}^{n} \alpha_i}{1 - \sum_{i=1}^{n} \beta_i} \tag{4.14}$$

第 i 种休闲活动的超额需求为：

$$\beta_i (T - \sum_{i=1}^{n} t_i^0) = \beta_i \left(T - \frac{\sum_{i=1}^{n} \alpha_i}{1 - \sum_{i=1}^{n} \beta_i} \right) \tag{4.15}$$

4.3.3.2 模型参数估计及检验

根据以上扩展线性支出休闲需求模型，利用北京市居民时间利用调查的相关数据，该数据为截面数据，可以使用最小二乘法对模型参数进行估计，得到初始估计结果见表 4－9。

表 4－9　各类休闲活动扩展线性支出系统模型的参数估计初始结果

时间	活动种类	α_i	P 值	β_i	P 值	R^2
工作日	学习科学文化知识	-0.033	0.781	0.020	0.000	0.018
	阅读报纸	0.075	0.291	0.015	0.000	0.028
	阅读书刊	0.089	0.356	0.022	0.000	0.032

续表

时间	活动种类	α_i	P 值	β_i	P 值	R^2
工作日	看电视	1.138	0.003	0.334	0.000	0.329
	听广播	-0.102	0.350	0.022	0.000	0.025
	观看影剧文体表演	-0.079	0.383	0.008	0.016	0.005
	观看各种展览	0.001	0.957	0.001	0.073	0.003
	游园散步	-1.293	0.000	0.155	0.000	0.232
	其他娱乐	-0.274	0.210	0.068	0.000	0.057
	体育锻炼	-0.228	0.075	0.046	0.000	0.074
	休息	-0.122	0.561	0.115	0.000	0.158
	教育子女	0.231	0.009	0.003	0.428	0.001
	公益活动	-0.057	0.312	0.005	0.013	0.006
	探访接待亲友	-0.238	0.025	0.026	0.000	0.037
	非工作时间上网	1.219	0.000	0.086	0.000	0.045
	其他自由时间	-0.328	0.091	0.072	0.000	0.080
休息日	学习科学文化知识	-0.404	0.164	0.027	0.000	0.018
	阅读报纸	0.470	0.007	0.007	0.073	0.003
	阅读书刊	0.094	0.787	0.032	0.000	0.017
	看电视	5.936	0.000	0.191	0.000	0.083
	听广播	0.206	0.254	0.008	0.042	0.004
	观看影剧文体表演	-0.086	0.559	0.009	0.006	0.007
	观看各种展览	0.036	0.807	0.004	0.189	0.002
	游园散步	-0.231	0.672	0.102	0.000	0.065
	其他娱乐	-1.708	0.015	0.131	0.000	0.065
	体育锻炼	-0.415	0.227	0.045	0.000	0.033
	休息	0.264	0.571	0.070	0.000	0.043
	教育子女	0.276	0.171	0.005	0.228	0.001
	公益活动	-0.251	0.092	0.010	0.002	0.009
	探访接待亲友	-1.927	0.000	0.098	0.000	0.064
	非工作时间上网	-1.569	0.067	0.200	0.000	0.099
	其他自由时间	-0.689	0.120	0.063	0.000	0.040

表4-9的结果表明，在0.1的显著性水平下，全部16项休闲活动的需求方程中，除了教育子女一项（工作日和休息日）和参观各种展览（休息日）的边际需求倾向 β_i 不显著外，其余活动的检验结果均为显著，说明用休闲时间总量来解释各项休闲活动的需求是可行的；但是，对于需求方程的截距项 α_i 来说，16项活动中于工作日只有看电视、游园散步、体育锻炼、教育子女、探访接待亲友、非工作时间上网和其他自由时间7项活动的截距项通过了显著性检验，于休息日只有阅读报纸、看电视、其他娱乐、公益活动、探访接待亲友和非工作时间上网6项活动的截距项通过了显著性检验，其余活动的截距项并不具有显著统计意义，说明对于这些活动需求模型的常数项设置是不恰当的。在此情况下，必须对原模型进行过原点估计，即 $\alpha_i=0$。对截距项不显著模型进行过原点估计后，各项休闲活动的模型估计修正结果见表4-10。从中可以看出，通过对原模型中某些不显著常数项的方程重新做过原点回归，β_i 的显著度明显提高，修正后方程拟合度有所提高。

表4-10　各类休闲活动扩展线性支出系统模型的参数估计修正结果

时间	活动种类	α_i	P值	β_i	P值	R^2
工作日	学习科学文化知识	—	—	0.019	0.000	0.041
	阅读报纸	—	—	0.018	0.000	0.091
	阅读书刊	—	—	0.025	0.000	0.096
	看电视	1.138	0.003	0.334	0.000	0.329
	听广播	—	—	0.019	0.000	0.047
	观看影剧文体表演	—	—	0.006	0.005	0.007
	观看各种展览	—	—	0.001	0.003	0.008
	游园散步	-1.293	0.000	0.155	0.000	0.232
	其他娱乐	—	—	0.060	0.000	0.109
	体育锻炼	-0.228	0.075	0.046	0.000	0.074
	休息	—	—	0.112	0.000	0.315
	教育子女	—	—	—	—	—

续表

时间	活动种类	α_i	P 值	β_i	P 值	R^2
工作日	公益活动	—	—	0.004	0.007	0.007
	探访接待亲友	-0.238	0.025	0.026	0.000	0.037
	非工作时间上网	1.219	0.000	0.086	0.000	0.045
	其他自由时间	-0.328	0.091	0.072	0.000	0.080
	合计	0.270	—	0.983	—	—
休息日	学习科学文化知识	—	—	0.020	0.000	0.049
	阅读报纸	0.470	0.007	0.007	0.073	0.003
	阅读书刊	—	—	0.034	0.000	0.095
	看电视	5.936	0.000	0.191	0.000	0.083
	听广播	—	—	0.012	0.000	0.045
	观看影剧文体表演	—	—	0.007	0.000	0.024
	观看各种展览	—	—	—	—	—
	游园散步	—	—	0.097	0.000	0.263
	其他娱乐	-1.708	0.015	0.131	0.000	0.065
	体育锻炼	—	—	0.037	0.000	0.115
	休息	—	—	0.075	0.000	0.224
	教育子女	—	—	—	—	—
	公益活动	-0.251	0.092	0.010	0.002	0.009
	探访接待亲友	-1.927	0.000	0.098	0.000	0.064
	非工作时间上网	-1.569	0.067	0.200	0.000	0.099
	其他自由时间	—	—	0.050	0.000	0.145
	合计	0.951	—	0.969	—	—

根据模型估计修正后结果，利用式（4.14）和式（4.15）计算得到各类休闲活动的基本需求 t_i^0 和超额需求 $\beta_i(T - \sum_{i=1}^{n} t_i^0)$，结果见表 4-11。

表 4-11　　各种休闲活动的需求量估计结果　　单位：分钟

活动类型	工作日			休息日		
	t_i	t_i^0	$\beta_i\ (T-\sum_{i=1}^{n} t_i^0)$	t_i	t_i^0	$\beta_i\ (T-\sum_{i=1}^{n} t_i^0)$
学习科学文化知识	3.83	3.09	0.83	7.65	6.14	2.41
阅读报纸	3.92	2.93	0.79	7.55	6.85	0.84
阅读书刊	5.45	4.06	1.09	14.78	10.43	4.09
看电视	80.38	65.68	14.61	140.74	117.95	22.98
听广播	3.53	3.09	0.83	5.38	3.68	1.44
观看影剧文体表演	0.92	0.98	0.26	2.78	2.15	0.84
观看各种展览	0.30	0.23	0.06	2.10	—	—
游园散步	18.95	12.27	6.78	41.18	29.76	11.67
其他娱乐	11.31	9.75	2.62	38.66	23.11	15.76
体育锻炼	7.16	5.20	2.01	15.01	11.35	4.45
休息	22.54	18.21	4.90	32.40	23.01	9.02
教育子女	2.86	—	—	4.95	—	—
公益活动	0.52	0.65	0.17	1.66	0.56	1.20
探访接待亲友	3.03	1.85	1.14	22.41	10.79	11.79
非工作时间上网	29.95	26.17	3.76	69.63	45.66	24.06
其他自由时间	11.66	8.43	3.15	20.19	15.34	6.02
合计	206.33	162.58	43.02	427.08	306.77	116.58

4.3.3.3　模型结果解释

（1）休闲活动的边际需求倾向分析。模型参数估计结果显示，在所涉及的16项休闲活动中除了教育子女和参观展览（休息日）以外，其余活动需求方程的斜率项均是显著的，说明用休闲时间总量来解释休闲活动需求是可行的，时间是影响这些活动的主要因素。从边际需求倾向来看，（见表4-12）：工作日，边际需求倾向前三位的活动为看电视（0.334）、游园散步（0.155）和休息（0.112），三者边际需求倾向之和为0.601，边际需求倾向排在后三位的是观看影剧文体表演（0.006）、公益活动（0.004）和参观各种展览（0.001）。这一统计结果表明：在人们的基本休闲需求满足以后，自由时间每增加1分钟，平均说来将有60.1%的时间被用于看电视、游园散步和休息，而用于观看文体表演、公益活动和各种展览的时间甚少，只占1.1%。这充分说明由于工作日有工作任务的负担和压力，在有限的自由时间里（休闲时间相对于休息日的自由时间少很多），人们更倾向于过简单的休闲生活，更愿意待在家里或者在家的附近做简单的活动，其中看电视成为首选活动。

表4－12　　各项休闲活动边际需求倾向比较

活动种类	工作日	休息日
看电视	0.334	0.191
游园散步	0.155	0.097
休息	0.112	0.075
非工作时间上网	0.086	0.200
其他自由时间	0.072	0.050
其他娱乐	0.060	0.131
体育锻炼	0.046	0.037
探访接待亲友	0.026	0.098
阅读书刊	0.025	0.034
学习科学文化知识	0.019	0.020
听广播	0.019	0.012
阅读报纸	0.018	0.007
观看影剧文体表演	0.006	0.007
公益活动	0.004	0.010
观看各种展览	0.001	—
合计	0.983	0.969

休息日和工作日相比，各项休闲活动的边际需求倾向变动方向不一，

除了观看展览因模型估计参数不显著无从判断外，其余的活动中看电视、游园散步、休息、其他自由时间、体育锻炼、听广播、阅读报纸的边际需求倾向比工作日有不同程度的降低，而非工作上网、其他娱乐、探访接待亲友、阅读书刊、学习科学文化知识、观看影剧文体表演和公益活动的边际需求倾向都比工作日有所提高，其中排前三位的是非工作上网（0.200）、看电视（0.191）和其他娱乐（0.131），三者的边际需求倾向之和为0.522。和工作日相比。除了看电视仍然排在其中之外，其余两项活动均不同于工作日：上网活动排在第一，边际倾向由工作日的0.086上升到休息日的0.200，上升了0.014；娱乐活动的倾向明显提高，其他娱乐的边际需求倾向由工作日的0.06提高到0.131，提高了0.071；而看电视的倾向明显减小，由工作日的0.334降低到休息日的0.191，降低了0.143，降幅显著。由此可见，由于休息日工作负担降低，思想放松，休闲时间大量增加，人们的休闲方式也随之发生变化，休闲生活更加丰富，休闲空间不再过多局限于家庭及周边，同时付费性休闲活动明显增多，突出表现在娱乐性休闲活动倾向增大。同时作为现代都市人，出于职场的竞争和成长的需要，人们利用周末休息时间进行学习充电、自我提升的意愿也进一步加强。此外，为增进感情亲戚朋友之间的情感、巩固和拓展人际关系的活动以及服务社会大众的公益活动也成为休息日的重要活动。

需要进一步指出的是，基于线性支出系统的有关边际需求倾向的研究，又一次看到电视和互联网在人们生活中扮演的重要角色。围绕这一形势，如何更好地满足人们的休闲需求、并能刺激消费拉动内需，如何通过技术和管理创新提高传统产业（如电视机制造业）和新型产业（如网络相关行业）的发展竞争力和适应性，以及创新电视节目制作、网络平台建设和管理，是一个值得重视和深入研究的发展命题。基于电视和互联网在人们生活中的重要作用，数字智能电视已经成为人们生活中的新宠，其市场空间巨大，这必将会影响电视机制造业及其相关产业及产业链条的发展布局。长期以来，电视播出事业建设由国家政府统包统揽，人民群众的视听需要由国家政府免费提供，人们除了用于购买电视机以及支付电费以外，几乎不花任何费用。虽然免费电视节目能够满足大众的需求，但是面对 13 亿人口的大市场，它却无法满足人们个性化和多样化的需求，付费电视能够提供更多的对象化、专业化、个性化节目，更好地满足人们多方面的视听消费需要。我国付费电视有较大的发展空间，在这个领域内多做文章，丰富人们精神文化生活同时，也刺激消费、拉动内需。

（2）休闲活动的需求分析。按照扩展线性支出系统模型的构成，休闲活动需求可以分解为两部分，即基本休闲需求和超额休闲需求，具体结果见表 4－11、图 4－10 和图 4－11。

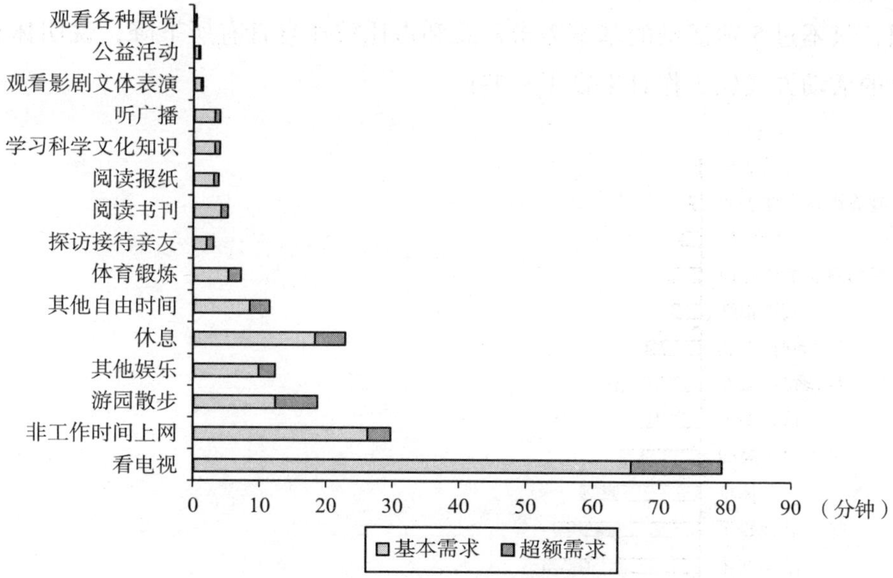

图 4－10　工作日各类休闲活动的基本需求和超额需求构成

休闲基本需求是指在一定的可支配时间约束下，为了满足放松身心的需求，人们自愿在各种休闲活动消耗的最少时间。根据扩展线性支出模型，所有休闲基本需求为 $\sum t_i^0$，每一项休闲活动的基本需求为 t_i^0。由表 4－11 可知，工作日，$\sum t_i^0 = 162.58$，即休闲需求的基本需求为 162.58 分钟，相当于休闲活动实际需求时间 206.33 分钟的 78.80%。其中用时最长的 5

项活动为看电视65.68分钟、非工作时间上网26.17分钟、休息18.21分钟、游园散步12.27分钟和其他娱乐9.75分钟，5项活动的基本需求量之和132.09分钟，占基本需求量总和的81.25%。休息日，$\sum t_i^0=306.77$，即休闲需求的基本需求为306.77分钟，相当于休闲活动实际需求时间427.08分钟的71.83%。其中用时最长的5项活动，依次是看电视117.95分钟、上网45.66分钟、游园散步29.76分钟、其他娱乐23.11分钟和休息23.01分钟，5项活动的基本需求量和为239.49分钟，占休息日全部休闲需求总量的78.07%，和工作日相比，5项活动的种类并没有变化，前两位的活动顺序也没有变化，依然是看电视和非工作时间上网，只不过5项活动的基本需求量总和占比较休息日有所下降，说明休息日的活动方式较工作日丰富了一些。

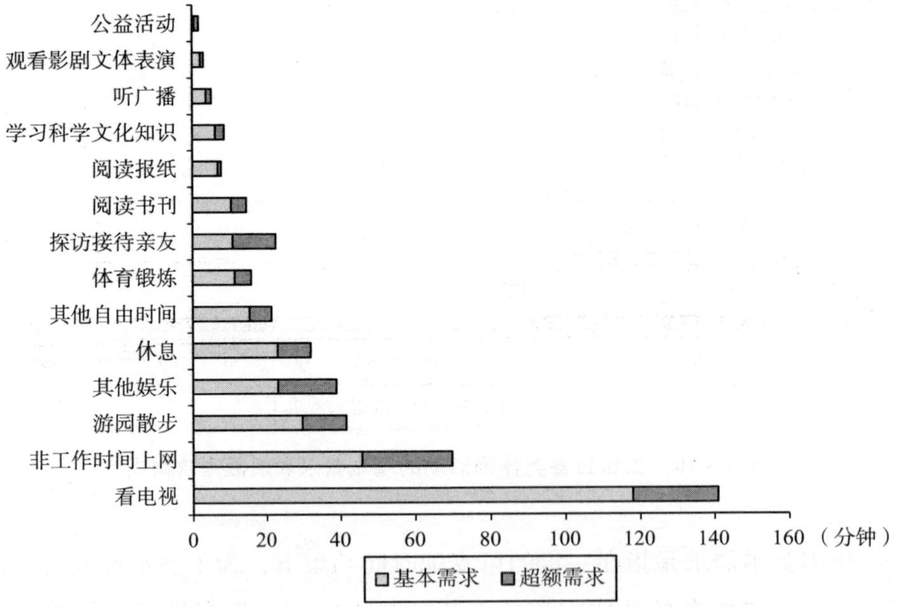

图4-11　休息日各类休闲活动的基本需求和超额需求构成

超额休闲需求是人们在基本需求得到满足之后，将剩余可支配时间按照某种边际需求倾向安排各种非基本支出。根据扩展线性支出模型，所有休闲超额需求为 $\sum \beta_i(T - \sum t_i^0)$，每一项休闲活动的超额需求为：$\beta_i(T - \sum t_i^0)$。如表4－11所示，工作日，$\sum \beta_i(T - \sum t_i^0) = 43.02$，满足超额休闲需求的时间为43.02分钟，相当于工作日实际休闲时间需求总量的20.85%。超额休闲需求排名前五位的依次是看电视（13.66分钟）、游园散步（6.34分钟）、休息（4.58分钟）、非工作时间上网（3.52分钟）和其他自由时间（2.94），5项合计31.034，占全部超额需求的77.18%。休息日，满足超额休闲需求的时间为116.58分钟，相当于工作日实际休闲需求总量的27.30%。其中，排名前五位的分别是非工作时间上网（24.06分钟）、看电视（22.98分钟）、其他娱乐（15.76分钟）、探访接待亲友（11.79分钟）和游园散步（11.67分钟），5项合计86.26分钟，占全部超额需求的73.99%。和工作日相比，前五位的活动种类有所不同，但看电视和上网依然是其中的主角。

以上统计结果表明：首先，北京市居民的休闲需求大，现有的休闲时间资源主要用于满足人们的基本休闲需求，特别是工作日由于休闲时间量相对较少，接近80%的时间用于基本需求，相反超额需求占比较少。其次，就具体的休闲活动而言，休闲需求类型还比较单一，基本休闲需求主要集中在看电视、非工作时间上网、休息、游园散步和其他娱乐5类活动中，而文化、艺术素养含量较高的观赏型、社交型休闲活动的需求量很低。而超额需求理论上来讲是在基本需求得到满足以后，在可利用的自由时间范围内人们愿意花费的时间，理应具有更广阔的选择自由，体现在活动类型上就应该是更加丰富的时间配置方式。但是，以上有关超额需求统计的结果并没有让我们看到这种情形，多余的休闲时间的配置依然主要集中在基本需求中的主要活动类型，和基本需求的构成具有很高的同构性，工作日各项休闲活动的基本需求和超额需求的相关系数高达0.9459，即使休息日也达到了0.8022。

综上所述，我国居民休闲需求的基本层次比较低，人们只把休闲活动作为放松身心、愉悦身体的手段，尚未把休闲活动作为提高自身素质的途径，大部分活动尚停留在娱乐、消遣层面，公益性、文化性内涵丰富的休闲活动需求比较低迷。这种局面与我国社会发展阶段有关，消遣、娱乐性休闲活动盈利性较强，吸引了大量商业资本，一定程度上对拉动内需起到了积极作用。相反，观看文体表演、观看各种展览、公益活动等这些文化性、公益性休闲活动盈利性较低，缺乏吸引商业资本的能力。但是这类休闲活动在维系社会和谐、发扬优良社会风尚等方面产生的社会效益是无法用经济效益衡量的，这也为我国满足休闲需求、提升休闲的综合效益方面提出了新要求，应该充分发挥政府、社会的公共作用，大力发展社会效益显著的休闲活动。

第5章　体育休闲需求统计分析

5.1　休闲需求与休闲活动

休闲需求最直接的外在体现就是休闲参与（leisure participation）。所谓休闲参与，笼统地讲，就是人们在休闲时间里从事各类休闲活动的情形，包括参与活动的种类和类型、次数或频率以及参与活动的时间等。因此也有人直接将休闲参与定义为活动的频率和类型，如“个体参与某种休闲活动的频率及休闲活动的种类或类型”（陈冠惠，2003）。

5.1.1　休闲活动的分类

休闲活动，从广义上来讲就是人们在休闲时间里自由选择、自主参加的活动。休闲活动的种类繁多，几乎涉及我们日常生活中的各种活动，而且随着休闲时间的增多，人们从事休闲活动的欲望也同步增强，休闲活动的形式更趋多样化，种类更加丰富。有关休闲活动的分类有很多种，其中楼嘉军（2005）对休闲活动的分类比较全面细致，将休闲活动分为七大类，见表5－1。

表5-1 **休闲活动分类**

活动类型	活动形式	休闲活动项目
消遣娱乐类	文化娱乐吧式消费闲逛闲聊	歌、舞、影、视、上网、电脑游戏等酒吧、陶吧、书吧、迪吧、水吧、氧吧、咖啡吧、茶馆等散步、逛街、逛商场、当面闲聊、短信闲聊、电话闲聊等
怡情养身类	养花草宠物业余爱好美容装饰	花、草、书、虫、鱼、鸟、兽及其他宠物等琴、棋、书、画、茶、酒、牌、摄影、收藏、写作、设计、发明等个人性的美发、美容、化妆、饰物佩戴、裁剪制衣等；家居环境或者个人居住环境的精细装修、装饰等
体育健身类	一般健身时尚刺激型	太极、跳操、游泳、溜冰、桌球、保龄球、高尔夫球、射箭、跑马以及各种需要健身器材的健身运动等跳伞、蹦极、攀岩、漂流、潜水、滑草、航模、动力伞、水中狩猎、探险等
旅游观光类	远足旅游近郊度假	欣赏和体会异地自然风光、名胜古迹、历史文化遗产、民族风情等城市绿地、公园、广场、动物园、植物园、园林、古镇、岛屿、度假村、农家乐、野炊、田野游玩等
社会活动类	私人社交公共节庆社会公益	私人聚会、婚礼、生日、毕业、开业、升职、乔迁、获奖等民族传统节日、纪念日庆典、旅游节、特色文化节、宗教活动等公益活动、志愿者服务等
教育发展类	参观访问休闲教育	博物馆、纪念馆、展览馆、科技馆、民俗馆、高校、名人故居、烈士陵园、宗教场所、特色街道、特色建筑、工业园区等学习乐器、声乐、舞蹈、书法、绘画、插花等
消极堕落类		破坏公共财物、赌博、吸毒、偷盗、嫖娼等

资料来源：楼嘉军．休闲新论［M］．上海：立信会计出版社，2005：96.

其中，消遣娱乐类活动主要指人们在家或离家附近的活动中心或者娱乐场所参加的各种纯粹娱乐活动。怡情养身类活动主要指利用休闲时间尝试进行绘画、书法、摄影、篆刻、园艺、烹调、插花等具有一定创作和创造内涵的休闲活动，以满足自己的业余兴趣爱好、完善自身素质和发展自我潜能的需要，并按照自己的主观愿望，进行一定程度上的创作和实践。体育健身类活动主要指通过经常性地参加各种体育健身活动，以实现强健体魄、提高身体素质的目的。旅游观光类活动主要指人们利用节假日和带薪休假日在市郊和外地甚至境外进行的旅游观光、休闲度假、野外露营等活动。社会活动类主要指人们在休闲时间同外界进行或公共或私人性质的各种交流。教育发展类主要指通过参观教育性休闲场所，得到各种启示或获得某些感受教育，以及参加非功利性的技术培训，从而达到陶冶情操的自我教育目的。消极堕落类活动是指人们在休闲时间里所从事的各种危害自身、危及社会的消极和有害的休闲活动。

从以上分类中足见休闲活动的多样性，但从休闲活动的功能来看，并不是所有的休闲活动都能起到积极作用，有些休闲活动不仅害人而且害己。事实上，即使在积极类的休闲活动中，人们的参与程度和感受也是有区别的，也就是说休闲活动存在着一定的层级结构。Jay B. Nash 于 1953 年从道德角度提出了休闲参与等级序列，见图 5 - 1。

以基准线为分界线，将休闲活动分为积极的休闲活动和消极的休闲活动。基准线以下的休闲活动是消极的休闲活动，如吃、喝、嫖、赌等，不仅于人无益，反而会使人颓废堕落甚至危害社会。处于基准线以上的休闲活动，则是健康的、积极的和创造性的休闲活动，对个人和社会都有重要的作用和价值，而且随着个人参与休闲活动的积极性、主动性和创造性程度的提高，休闲活动的层次也会得到提升。与个人发展程度密切相关、体现创造性价值的休闲活动居于所有休闲活动类型的最上端。Nash 所设计的这个等级模式图为研究休闲活动参与的水平和种类，给出了一种可供借鉴的评价方式。

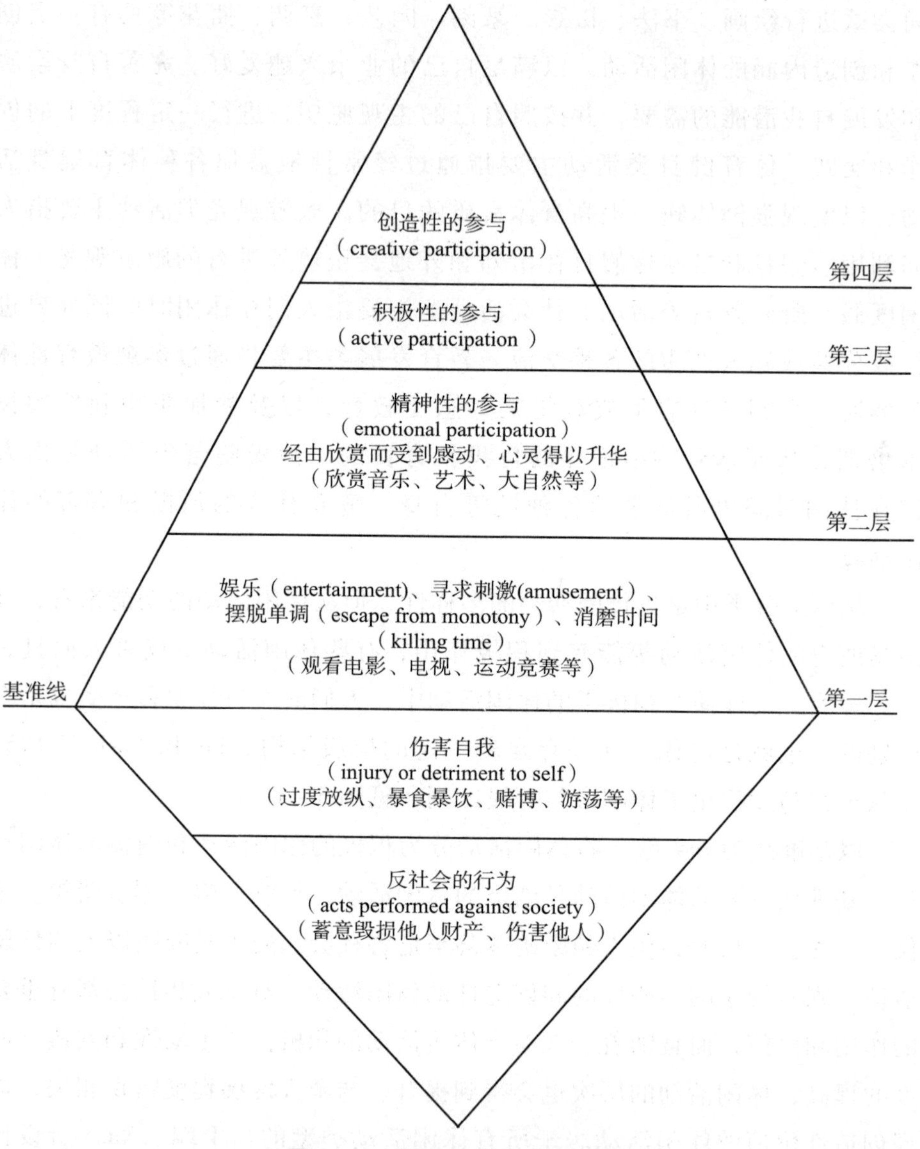

图 5－1　休闲活动的层级结构

资料来源：[美] 杰弗瑞·戈比. 你生命中的休闲 [M]. 昆明：云南人民出版社，2000：103，并根据楼嘉军. 休闲新论 [M]. 上海：立信会计出版社，2005：97 的相关内容作了补充。

5.1.2　体育休闲活动研究的意义

在放松自然的状态下参与自己喜欢的体育活动，不仅可以使人在运动中获得身心愉悦的感官体验，也有助于形成积极、乐观、自信的心理特征，不仅有助于个人的身心健康，也有助于人际关系的改善和建设。因此，体育作为一种休闲方式，受到许多人的喜爱，成为人们生活中重要的自由时间支配对象。体育休闲被誉为人类建造的极具魅力的精神家园，是一种文明、健康、科学的休闲生活方式。然而，体育活动又是一个相当宽泛的概念，体育活动的种类繁多，而且随着时间的推移还存在着不断推陈出新的发展变化趋势。要知道人们在体育休闲方面的需求，不仅要知道体育休闲的时间，还应该知道人们参与各种体育休闲活动的实际状况，包括活动参与频率、参与场合及设施使用、参与伙伴、参与的组织方式、相关消费，以及是哪些因素影响了人们的体育休闲等。

前文利用时间日记资料分析了北京市居民休闲时间的配置状况，其中涉及了体育休闲类活动时间相关问题。这一研究的重要意义在于从时间的维度，了解居民休闲时间的拥有量及相应的使用倾向问题。但从休闲活动方式来看，因为时间日记只记录了居民在调查规定的一个工作日和一个休息日共2天的时间分配信息，相对于一年365天的时距，其中某2天的时间使用情况、特别是有关休闲时间的使用情况，还具有较大的偶然性，个人在某一天或者某几天的活动安排毕竟是有限的。另外，在时间日记调查中各种活动类别划分比较粗，如体育活动并没有指明是哪些具体的体育活动。为了更加全面、客观地了解居民在较长时期内，如一年当中参与各种体育活动的情形，本章将利用2011年北京调查中休闲生活参与状况调查问卷数据（问卷见表3－6），进一步分析北京市居民的体育休闲需求状况，该问卷调查的是居民在调查日之前的一年中各种具体休闲活动的参与情况，时距拉长为一年，有效地克服了上述时间日记存在的不足。

5.2 体育休闲活动参与频率统计

对于活动参与频率的调查，通常在问卷设计中首先设计一个过滤性问题“在过去的一年中，您是否进行过这项活动?”，答案为“是”和“否”，如果访问对象回答“是”，则继续回答有关这项活动的其他关联信息，如果回答“否”，则跳答下一项活动相关问题，依次类推，见表3-6。如果回答“是”，则接下来的问题便是在过去一年中参与次数的问题，问题设计采用封闭型，选项设计包括了“一年1~4日”“一年5~9日”“一年10~19日”“一年20~39日”“一年40~99日”“一年100~199日”“一年200日以上”共7个选项。针对每一项具体活动，所有访问对象在7个选项上的分布体现着人们对这项活动的参与情形，也体现着活动的普及和受欢迎程度。根据2011年北京调查数据，得到各种体育活动的参与情况统计结果，见表5-2。

表5-2　　各种体育活动的参与频率统计

活动种类	统计量	没有参加过	一年1~4日	一年5~9日	一年10~19日	一年20~39日	一年40~99日	一年100~199日	一年200日以上	合计
乒乓球	人数（人）	882.00	89.00	39.00	36.00	30.00	16.00	9.00	5.00	1106
	占比（%）	79.75	8.05	3.53	3.25	2.71	1.45	0.81	0.45	100
羽毛球	人数（人）	725.00	141.00	65.00	75.00	55.00	31.00	9.00	5.00	1106
	占比（%）	65.55	12.75	5.88	6.78	4.97	2.80	0.81	0.45	100
篮球	人数（人）	955.00	46.00	30.00	21.00	21.00	21.00	11.00	1.00	1106
	占比（%）	86.35	4.16	2.71	1.90	1.90	1.90	0.99	0.09	100

续表

活动种类	统计量	没有参加过	一年1~4日	一年5~9日	一年10~19日	一年20~39日	一年40~99日	一年100~199日	一年200日以上	合计
足球	人数（人）	1052.00	19.00	12.00	7.00	7.00	9.00	0.00	0.00	1106
	占比（%）	95.12	1.72	1.08	0.63	0.63	0.81	0.00	0.00	100
网球	人数（人）	1085.00	14.00	2.00	3.00	0.00	1.00	0.00	1.00	1106
	占比（%）	98.10	1.27	0.18	0.27	0.00	0.09	0.00	0.10	100
排球	人数（人）	1091.00	8.00	4.00	0.00	3.00	0.00	0.00	0.00	1106
	占比（%）	98.64	0.72	0.36	0.00	0.30	0.00	0.00	0.00	100
保龄球	人数（人）	1012.00	70.00	15.00	8.00	1.00	0.00	0.00	0.00	1106
	占比（%）	91.50	6.33	1.36	0.72	0.09	0.00	0.00	0.00	100
游泳	人数（人）	853.00	99.00	58.00	44.00	36.00	12.00	4.00	0.00	1106
	占比（%）	77.12	8.95	5.24	3.98	3.25	1.08	0.36	0.00	100
滑冰	人数（人）	1048.00	47.00	8.00	2.00	1.00	0.00	0.00	0.00	1106
	占比（%）	94.76	4.25	0.72	0.18	0.09	0.00	0.00	0.00	100
滑雪	人数（人）	972.00	123.00	8.00	1.00	1.00	1.00	0.00	0.00	1106
	占比（%）	87.88	11.12	0.72	0.09	0.09	0.09	0.00	0.00	100
登山	人数（人）	638.00	290.00	92.00	42.00	21.00	18.00	2.00	3.00	1106
	占比（%）	57.69	26.22	8.32	3.80	1.90	1.63	0.18	0.27	100
长跑	人数（人）	974.00	34.00	21.00	20.00	16.00	9.00	20.00	12.00	1106
	占比（%）	88.07	3.07	1.90	1.81	1.45	0.81	1.81	1.08	100

续表

活动种类	统计量	没有参加过	一年1~4日	一年5~9日	一年10~19日	一年20~39日	一年40~99日	一年100~199日	一年200日以上	合计
散步	人数（人）	244.00	66.00	33.00	69.00	116.00	148.00	160.00	270.00	1106
	占比（%）	22.06	5.97	2.98	6.24	10.49	13.38	14.47	24.41	100
健美体操	人数（人）	1043.00	19.00	9.00	8.00	8.00	8.00	6.00	5.00	1106
	占比（%）	94.30	1.72	0.81	0.72	0.72	0.72	0.54	0.45	100
跳舞	人数（人）	1005.00	19.00	12.00	21.00	19.00	15.00	5.00	10.00	1106
	占比（%）	90.87	1.72	1.08	1.90	1.72	1.36	0.45	0.90	100
轻体操	人数（人）	1086.00	3.00	3.00	4.00	4.00	3.00	1.00	2.00	1106
	占比（%）	98.19	0.27	0.27	0.36	0.36	0.27	0.09	0.18	100
太极拳	人数（人）	1063.00	7.00	6.00	2.00	5.00	6.00	7.00	10.00	1106
	占比（%）	96.11	0.63	0.54	0.18	0.45	0.54	0.63	0.90	100
钓鱼	人数（人）	995.00	57.00	17.00	19.00	13.00	4.00	1.00	0.00	1106
	占比（%）	89.96	5.15	1.54	1.72	1.18	0.36	0.09	0.00	100
其他	人数（人）	1042.00	14.00	7.00	7.00	3.00	16.00	8.00	9.00	1106
	占比（%）	94.21	1.27	0.63	0.63	0.27	1.45	0.72	0.81	100

5.2.1 体育休闲活动年参与率分析

统计结果显示，在被访的1106位居民中，参与过各项体育活动的人数各不相同。表5－2中第三列显示的是在调查日之前一年内没有参加过活动的人数和占比，据此可以计算出参与过各项活动的人数和占比，为区别前面在休闲时间分析中利用时间日记数据计算的参与率，把这里的活动人数占比称之为年参与率，并按参与率的高低排序后，绘制成图5-2。

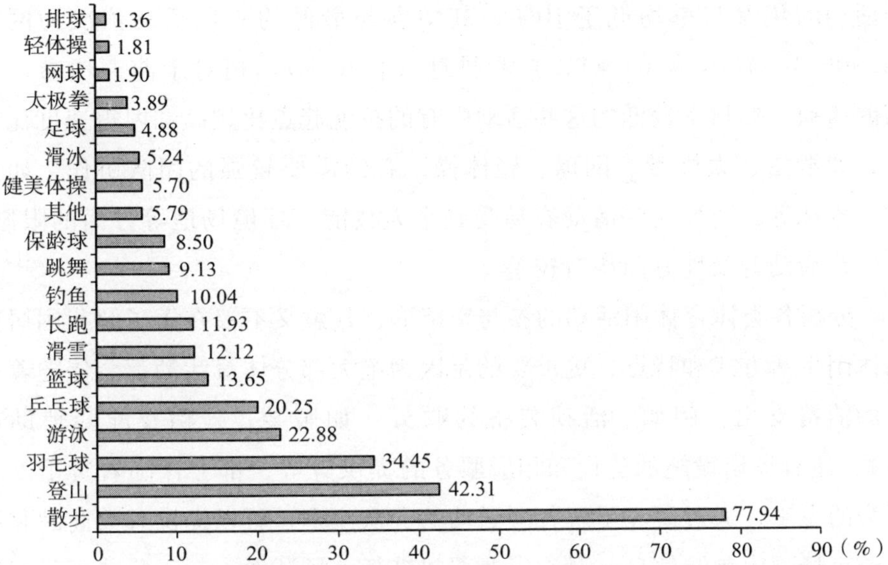

图5-2　各种体育活动年参与率比较

结果表明在19项体育活动中，散步的年参与率最高为77.94%，意味着每100位居民中，在调查日之前的一年中平均说来有近78位有过散步活动。这一统计结果和前文关于休闲时间利用方式统计中，“游园散步”无论是平均时间还是参与率均高于“体育锻炼”的分析结论基本一致，也从另一个侧面证明时间日记数据资料分析结论的可信度还是比较高的。此外，年参与率高于20%的活动从高到低依次有登山（42.31%）、羽毛球（34.45%）、游泳（22.88%）和乒乓球（20.25%）。登山作为一项户外活动，能够让人们在充分接近大自然的同时，达到磨炼意志、锻炼身体甚至开阔眼界的目的，因此受到越来越多人的喜欢。羽毛球和乒乓球不仅仅是我国在世界体坛的强势项目，在民间更有着非常广泛的群众基础，是全民健身运动中大力提倡也颇受欢迎的体育项目，其参与率高也是情理之中的结果。随着我国体育场馆建设力度的加大，游泳活动受自然水域条件的限制问题逐渐减弱，成为人们强身健体和放松心情的重要方式。

年参与率小于20%但大于10%的活动依次有：篮球（13.65%）、滑雪（12.12%）、长跑（11.93%）和钓鱼（10.04%）四项活动；其余十项活动的年参与率均低于10%，其中参与最低的三项活动依次为网球（1.90%）、轻体操（1.81%）和排球（1.36%）。相对于前五项参与率高的活动，参与率较低的这些活动中有的技能起点比较高和习得速度比较慢，如滑雪、太极拳、网球、轻体操，有的需要较强的团队协作，如篮球、排球等，选择这些活动容易受到个人技能、环境场地等方面的限制，所以在活动普及性方面相对较差。

分析各类体育休闲活动的参与率情形，其意义不仅在于了解我国居民的休闲生活方式和特点，更重要的是因为绝大部分体育活动都会伴随着相应的消费支出，例如，活动装备的购买（如服装、鞋帽及配套辅助用品），还有场馆设施的建设和相应服务的提供等等，都会伴随着货币支付行为的发生，通过研究了解各项活动的受众比率，可以提供有关商品和服务的市场规模预测信息，对于产业部门进行市场开发、对于公共部门制定相应公共服务的决策规划，可以提供重要的决策依据。

5.2.2 体育休闲活动参与次数分布状况分析

在过滤性问题“过去一年是否参与过?”的回答为“是”的情况下，来进一步分析是如何参与的问题，有着非常重要的现实意义。受访者是心血来潮、偶尔为之的行为，还是能够长期坚持或者周期参与的活动，显然不论对于准确评估居民生活方式，还是对于准确评估体育休闲相应市场问题，都是重要的信息依据。

表5-2统计结果显示，绝大部分体育休闲活动的参与频率维持在低水平位置，体现在参与这些活动的人群中绝大部分人一年中的参与次数为“一年1~4次”和“一年5~9次”，落在高位“一年100日以上”的人数很少。但散步活动是例外，有近40%的人参与频率在“一年100~199

日”和“一年200日以上”两个选项上。为了更好地显示各项活动的参与分布特征，不妨把休闲参与频率原来的七个选项设计重新进行划分，即把平均一周参与一次的活动界定为高频次的活动，那么以选项“一年40～99日”“一年100～199日”和“一年200日以上”为主的对应活动就可以当作高频活动，意味着这样的活动通常会有比较固定的参与群体，这将对活动的组织方式选择提供重要信息，例如，采用俱乐部会员制的运营方式，可能是不错的选择。活动频次平均在一个月一次和半个月一次的界定为中等频率的活动，即以“一年10～19日”和“一年20～39日”为主的对应活动，那么以“一年1～4日”和“一年5～9日”为主的对应活动则界定为低频活动。

对表5－2的统计结果进行整理，并按各频段在总参与率中的重要程度和各频段本身的频率大小进行排序，得到表5－3和图5－3。从中可以看出，19种活动中除了“其他”项是为满足穷尽性原则设计的补足性项目，并不能指代具体的活动，所以分析价值不大以外，其余18项活动中，有14项活动属于低频活动，包括登山（34.54%）、羽毛球（18.63%）、游泳（14.20%）、乒乓球（11.57%）、滑雪（11.84%）、保龄球（7.69%）、篮球（6.87%）、钓鱼（6.69%）、长跑（4.97%）、滑冰（4.97%）、健美体操（2.53%）和网球（1.45%），其中保龄球、滑冰和排球更是在高频段的取值为0；而跳舞和轻体操则因为在中频段的表现相对突出，可以划分为中频活动；散步和太极拳因为在高频段的突出表现，归类为高频活动。图5－2更加形象地体现了这一分布特征。

表5－3　各种体育休闲活动的参与次数分布状况　单位：%

活动种类	低频	中频	高频	总参与率
登山	34.54	5.70	2.08	42.31
羽毛球	18.63	11.75	4.07	34.45
游泳	14.20	7.23	1.45	22.88
滑雪	11.84	0.18	0.09	12.12

续表

活动种类	低频	中频	高频	总参与率
乒乓球	11.57	5.97	2.71	20.25
保龄球	7.69	0.81	0.00	8.50
篮球	6.87	3.80	2.98	13.65
钓鱼	6.69	2.89	0.45	10.04
长跑	4.97	3.25	3.71	11.93
滑冰	4.97	0.27	0.00	5.24
足球	2.80	1.27	0.81	4.88
健美体操	2.53	1.45	1.72	5.70
网球	1.45	0.27	0.19	1.91
排球	1.08	0.30	0.00	1.38
跳舞	2.80	3.62	2.71	9.13
轻体操	0.54	0.72	0.54	1.81
散步	8.95	16.73	52.26	77.94
太极拳	1.18	0.63	2.08	3.89
其他	1.90	0.90	2.98	5.79

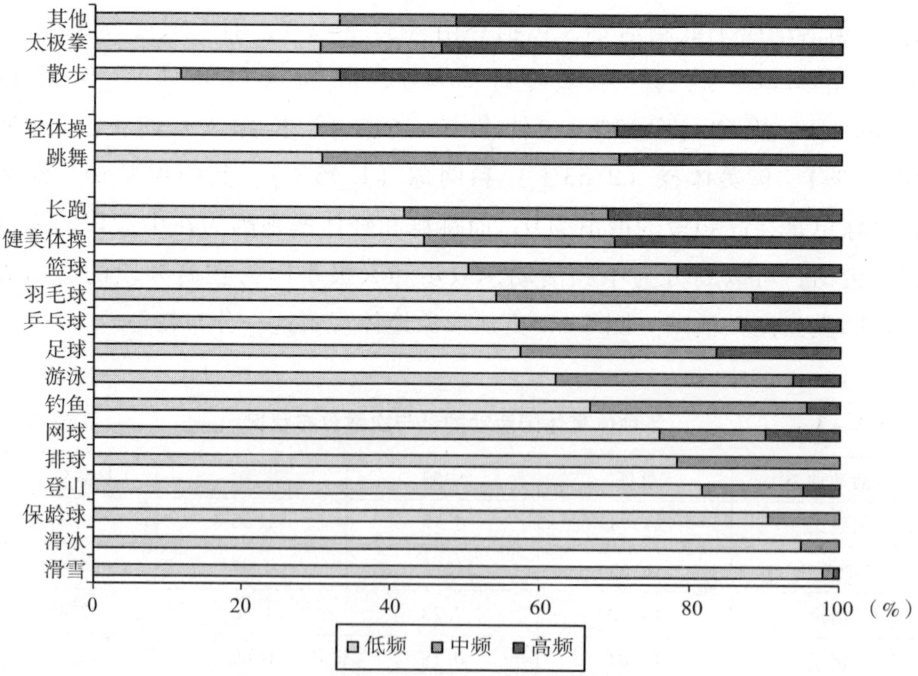

图5-3 各种体育休闲活动参与次数分布

低频段的活动，体现了活动者参与该项活动的随意性较大，通常不具有长久的计划性，临时决定的成分较大；处于中频的活动一般已经具备固定的活动周期，如半个月一次或者一个月一次，活动往往需要事先的规划和日程安排，参与活动已经成为活动者生活中惯有项目，以上分析中只有跳舞和轻体操归为这一类。高频活动为每周甚至每天都进行的活动，以上分析中散步和太极拳属于此类活动，散步作为一种无须技能、只要有时间即可随心而为、自由轻松的活动方式，已经成为许多人于晨起或茶余饭后的生活习惯。而打太极拳的人往往也是兴趣固化的人，尤其需要指出的是打太极拳的人也往往是年龄较大的人，他们的生活习惯往往很规律，早起太极通常亦成为他们生活的一部分，所以才会表现出高频的特征。但散步和太极拳两项活动虽然具有高频的特征，但从组织形式或者休闲需求的满足途径来看，市场运营价值不大。

综上所述，北京市居民的体育休闲生活比较单调，活动参与水平还比较低。散步是绝大部分市民的主要体育活动方式，其他需要技能或者场地的活动，其普及性还比较低，人们只是偶尔为之，计划性不强，还没有成为人们生活中必不可少的休闲习惯。但也正因为如此，才预示着巨大的发展潜力。随着社会经济的发展和人们对自身生活质量要求的不断提高，居民的体育休闲活动参与水平必将不断提高，会对市场和政府提出更多的体育休闲需求。

5.2.3　体育休闲活动参与情况影响因素分析

前文使用参与率指标分析了北京市居民体育休闲活动的参与程度，分析结果表明北京市民的体育休闲生活整体来讲比较单调，绝大部分体育活动的普及率较低，整体体育休闲活动水平低下。那么导致这种局面的影响因素有哪些，这些因素又是如何影响人们的体育休闲生活的？

目前，国内学术界关于体育休闲活动影响因素的探讨主要表现为两个方面：一方面，采用定性研究的方法，对体育休闲活动的影响因素进行理论探讨。例如，关金永（2011），对我国体育休闲的现状、影响因素和发展前景进行了理论剖析，指出社会经济发展条件、休闲时间、生活方式及消费理念是开展体育休闲活动的社会基础条件；徐爱萍（2015），分析了影响城市职业女性参与体育休闲活动的内在因素和外在因素，其中内在因素包括体育意识、参与兴趣和参与动机，外在因素则包括工作单位体育休闲氛围、工作家庭压力和体育休闲运动设施等。另一方面，采用调查和实证分析的方法，通过对特定调查对象问卷调查数据的分析来研究体育休闲的影响因素。例如，石振国等（2006），通过对广州市、成都市、南京市、济南市和太原市五个城市共计1500名城市居民的问卷调查，采用交叉列联分析法，研究了性别、年龄、文化水平、职业、收入五个因素对居民体育休闲生活相关情况如活动种类、活动目的、时间安排等方面的影响；陈钦（2012），运用问卷调查法，对1200名福州市居民进行调查，并从社会分层视角，分析职业地位、经济状况和文化水平等因素对休闲体育活动的影响。

尽管各种研究的视角不同、方法有差别、对因素的分类方法也不尽相同，但对于休闲时间、个人属性特征和社会经济条件如性别、年龄、文化程度、职业和收入等因素，对个人体育休闲生活的重要性认同是一致的，本书拟进一步研究以上因素对北京市居民体育休闲生活的影响。基础数据同为问卷调查数据，基于针对19种体育休闲活动采用交叉列联分析的过程过于繁杂，且不易对结果进行有效的归纳和总结，本书拟用logistic回归分析方法来分析各种因素对居民体育休闲生活的影响。

5.2.3.1 logistic回归分析的基本原理

多元线性回归分析，作为一般最小二乘法一族的统计分析方法，因为其良好的统计性质（最优线性无偏估计）、意义直观、解释力强等特点，在社会科学研究中得到了广泛的应用，甚至成为标准的统计工具。但是多元回归要求因变量必须是具有间距测度等级的连续变量，无法对因变量只取少数几个整数值的情形进行分析，否则会因为违反假设条件而使估计结果产生严重误差。例如，因变量是以虚拟编码的二分定性变量（即变量y

只能取值为 0 和 1）时，最小二乘估计 OLS 虽然是无偏的，但不具有尽可能小的抽样方差，而且因变量的估计值不能局限在 0 ~ 1 之间，有可能会大大超出这一值域，从而使得估计结果无法得到合理解释。logistic 回归分析正是克服了以上多元回归分析的缺陷，以服务于定性因变量的多元分析方法。

（1）logistic 回归模型的一般形式。

$$\text{logit } p = \ln\frac{p}{1-p} = \ln\Omega = \beta_0 + \beta_1 x_1 + \beta_2 x_2 + \cdots + \beta_k x_k = \sum_{i=0}^{k}\beta_i x_i \tag{5.1}$$

其中：p 为事件发生的概率，即 $p = p(y=1)$；$1-p$ 为事件不发生的概率，即 $1-p = 1-p(y=1) = p(y=0)$；$\frac{p}{1-p} = \Omega$ 称为发生比（odds），又称为相对风险，是事件发生的概率和不发生的概率的比值；logit p，称为逻辑斯蒂概率单位，是事件发生概率 p 的转换单位；x_i 为自变量，β_i 为回归系数，其中令 $x_0 = 1$；发生比和自变量之间的关系为：$\Omega = \exp(\sum\beta_i x_i)$。在 logistic 回归中，由于假设事件发生的概率与自变量之间的关系服从 logistic 函数分布，通过将事件发生概率 $p(0<p<1)$ 转化成 $\Omega = \frac{p}{1-p}[\Omega \in (0, +\infty)]$，再转换成 $\ln\Omega[\ln\Omega \in (-\infty, +\infty)]$，经过两步转换将 p 改造成 logit p，再将其作为回归因变量，有效地先解决了回归因变量的值域限制问题。

（2）logistic 回归系数的意义。

logistic 模型为线性模型，因此从直观意义上来看，回归系数 β_i 表示自变量 x_i 每一个单位的变化对因变量 logit p 的影响。各自变量对 logit p 的作用方向可以通过偏回归系数 β_i 值的正负号得以体现，当 β_i 取正值时，说明自变量 x_i 增加一个单位的变化使得 logit p 的值平均增加 β_i 的变化量；当 β_i 取负值时，说明自变量 x_i 增加一个单位的变化使得 logit p 的值平均降低 β_i 的变化量。

进行回归分析的真正目的是了解事件发生概率 p 与自变量之间的变化，但二者之间的关系不是线性的，意味着自变量 x_i 对 p 的作用不易直截了当地得到确切的解释。通常的做法是，以事件发生比 Ω 的指数表达式来解释回归系数，因为 Ω 具有一定的实际意义，代表一种相对风险。

根据式（5.1），Ω 可以写成下面的指数函数：

$$\Omega = \exp(\beta_0 + \beta_1 x_1 + \beta_2 x_2 + \cdots + \beta_i x_i + \cdots + \beta_k x_k) \tag{5.2}$$

其中，x_i 变化一个单位对于 Ω 的影响幅度，可以将（$x_i + 1$）代入式（5.2），得到新的发生比 Ω^*：

$$\begin{aligned}\Omega^* &= \exp(\beta_0 + \beta_1 x_1 + \beta_2 x_2 + \cdots + \beta_i(x_i + 1) + \cdots + \beta_k x_k) \\ &= \exp(\beta_0 + \beta_1 x_1 + \beta_2 x_2 + \cdots + \beta_i x_i + \cdots + \beta_k x_k + \beta_i)\end{aligned} \tag{5.3}$$

从而有发生比率：

$$\frac{\Omega^*}{\Omega} = \exp(\beta_i) \tag{5.4}$$

说明在其他变量不变的情况下，自变量 x_i 一个单位的变化使得原来的发生比 Ω 扩大 $\exp(b_i)$ 倍。

（3）logistic 回归的参数估计方法和假设检验。logistic 回归方程的参数估计采用最大似然估计 ML 法，回归方程的整体检验也是通过对似然函数值（likelihood）的检验进行的。通常的做法是通过对似然函数值 L 的函数“-2 log likelihood”（缩写为 -2LL）来进行检验的，函数（-2LL）值越大，回归方程的拟合程度越差；函数值（-2LL）越小，回归方程的拟合程度越好。当模型完全拟合观测值时，似然函数值等于 1，函数（-2LL）等于 0。

在评价和检验一个含有自变量的 logistic 回归模型的拟合优度时，通常是将其与截距模型进行比较。所谓截距模型，指的是只包括截距项的模型，即 logit $p = \beta_0$，以截距模型为参照标准，比较再加入其他自变量之后新的模型与观测数据的拟合程度是否有显著的提高。也就是说，这些自变量是否对因变量的变化产生了作用。

将截距模型的似然函数值记为 L_0，将检验模型的似然函数值记为 L_x，则对两个模型进行比较实质上就是检验似然比 L_0/L_x 是否显著区别于 1。

当似然比等于1时，表示加入模型的自变量对于因变量完全没有解释效果；而当似然比显著地小于1时，则说明自变量对于因变量变化的解释有显著的贡献。已知似然比 L_0/L_x 的函数 $-\ln(L_0/L_x)^2 = -2\ln(L_0/L_x) = [-2\ln(L_0)] - [-2\ln(L_x)]$ 近似服从卡方分布，所以可以通过对 $-\ln(L_0/L_x)^2$ 进行卡方检验来判断检验模型的拟合程度。

logistic 回归分析中的偏回归系数的显著性检验是通过对 Wald 统计量的检验来实现的，Wald 统计量的计算公式为：

$$\text{Wald} = \left(\frac{\beta_i}{s_{\beta_i}}\right)^2 \tag{5.5}$$

其中，s_{β_i} 为 β_i 的估计标准误，Wald 统计量服从卡方分布，其值越大表明该自变量的作用越显著。

5.2.3.2　实证分析

2011年北京市居民休闲生活调查中，有关体育休闲活动参与调查的第一个问题便是"过去一年中是否参与过"，问题属于二分定性变量，数据编码形式为：1 = "参加"，0 = "不参加"。以此变量为因变量，采用 logistic 回归模型，分析休闲时间、性别、年龄、受教育程度和收入共五个因素对人们参与各项体育休闲活动的影响。

模型方程如下：

$$\ln\frac{p_i}{1-p_i} = \beta_0 + \beta_1 \text{leisuretime}_i + \beta_2 \text{gender}_i + \beta_3 \text{age}_i + \beta_4 \text{education}_i + \beta_5 \text{income}_i$$

其中，p_i 被访者参与某项体育休闲活动 i 的概率；β_i 待估回归系数；自变量包括休闲时间（leisuretime）、年龄（age）、性别（gender）、受教育程度（education）和家庭年收入（income）共5个变量。

（1）自变量编码及取值说明。休闲时间（leisuretime），采用工作日休闲时间和休息日休闲时间的加权平均值，即按照第4章中有关"周平均一日"休闲时间的计算，根据时间日记调查数据计算得到所有被调查对象的日平均休闲时间。该变量为间距测度的连续变量，原始数据的计量单位为10分钟。

性别（gender），为二分定性变量，原始数据编码为：男性1，女性

2，为适应 logistic 回归分析的需要，对该变量进行了重新编码，重新编码后的性别为：1 = “男性”，0 = “女性”。

年龄（age），为被调查者的周岁年龄，测量尺度为定距尺度，变量属于连续变量。

受教育程度（education），为分类变量，原始问卷设计中共有 10 个类别，分别为：1 = “在学初中”，2 = “在学高中”，3 = “在学大学”，4 = “在学研究生”，5 = “已毕业小学”，6 = “已毕业初中”，7 = “已毕业高中”，8 = “已毕业大学”，9 = “已毕业研究生”，10 = “没有上过学或其他”。考虑到在校学生有很强的共性，为了更好地体现不同教育程度的人在体育休闲活动方面是否存在显著差异，在此将“在学初中”和“在学高中”两类合并为一类“在校中学生”，将“在学大学”和“在学研究生”合并为“在校大学生”，其余类别保持不变，这样原来的 10 类就被分成了 8 类。另外，考虑到该变量是分类变量，所以在 logistic 回归分析时，需要设定 7 个虚拟变量，建模时将第一类即“在校中学生”当作参照类。

家庭年收入（income），问卷中将其设计为不同的区间等级，变量取值编码为：1 = “0.2 万元以下”，2 = “0.2 万 ~0.39 万元”，3 = “0.4 万 ~0.59 万元”，4 = “0.6 万 ~0.79 万元”，5 = “0.8 万 ~0.99 万元”，6 = “1 万 ~1.49 万元”，7 = “1.5 万 ~1.99 万元”，8 = “2 万 ~2.99 万元”，9 = “3 万 ~4.99 万元”，10 = “5 万 ~9.99 万元”，11 = “10 万 ~19.99 万元”，12 = “20 万元以上”，因为不同的区组之间存在大小顺序关系，分析时把家庭年收入当作顺序变量来处理。

（2）模型参数估计及检验。运用 SPSS 19.0 对以上分析变量进行二项 logistic 回归分析，因为有多个自变量，在选择自变量进入模型的输入方法时，选用了 SPSS 提供的条件参数估计原则（Forward：Conditional）自动筛选最佳自变量，该方法选取变量的原则是：根据各自变量加入分析能取得最大的模型卡方增量即卡方检验最显著的原则来加入新自变量。估计结果见表 5 - 4。

表 5 - 4　　　　各种体育休闲活动参与的 logistic 回归估计结果

活动种类	自变量	B	Wald	Sig.	Exp(B)	χ^2	Sig.	预测正确率（%）
乒乓球	gender	0. 925	33. 625	0. 000	2. 522	88. 651	0. 000	79. 90
	education		38. 294	0. 000				
	education（3）	-2. 628	11. 995	0. 001	0. 072			
	education（4）	-2. 166	9. 211	0. 002	0. 115			
	education（5）	-1. 418	4. 155	0. 042	0. 242			
	education（7）	-2. 950	5. 682	0. 017	0. 052			
羽毛球	age	-0. 032	25. 332	0. 000	0. 968	143. 21	0. 000	67. 60
	education		24. 661	0. 001				
	education（2）	-3. 138	5. 534	0. 019	0. 043			
	education（3）	-2. 404	7. 349	0. 007	0. 090			
	education（4）	-1. 658	3. 873	0. 049	0. 191			
	education（7）	-2. 577	5. 294	0. 021	0. 076			
	income	0. 102	9. 918	0. 002	1. 107			
篮球	gender	2. 442	105. 717	0. 000	11. 498	256. 333	0. 000	88. 20
	age	-0. 119	78. 209	0. 000	0. 888			
足球	gender	2. 878	33. 249	0. 000	17. 785	113. 399	0. 000	95. 30
	age	-0. 066	10. 702	0. 001	0. 936			
	education		14. 073	0. 050				
	education（1）	-2. 530	5. 494	0. 019	0. 080			
	education（3）	-2. 622	4. 448	0. 035	0. 073			
	education（4）	-3. 723	9. 581	0. 002	0. 024			
	education（5）	-2. 119	5. 100	0. 024	0. 120			
网球	education		14. 818	0. 038		21. 817	0. 003	98. 10
	education（1）	-2. 274	4. 466	0. 035	0. 103			
	education（4）	-4. 265	11. 044	0. 001	0. 014			
	education（5）	-2. 490	8. 595	0. 003	0. 083			
保龄球	income	0. 144	5. 046	0. 025	1. 155	43. 677	0. 000	91. 50

续表

活动种类	自变量	B	Wald	Sig.	Exp(B)	χ^2	Sig.	预测正确率（%）
游泳	leisuretime	-0.014	4.948	0.026	0.986	109.334	0.000	77.30
	age	-0.024	9.941	0.002	0.977			
	education		19.437	0.007				
	education（3）	-1.821	4.749	0.029	0.162			
	income	0.168	16.273	0.000	1.183			
滑冰	age	-0.081	24.920	0.000	0.922	38.805	0.000	94.80
滑雪	age	-0.071	32.291	0.000	0.931	110.791	0.000	87.90
	income	0.123	5.501	0.019	1.131			
登山	age	-0.034	52.343	0.000	0.967	61.190	0.000	59.20
	income	0.058	4.724	0.030	1.060			
长跑	gender	0.615	9.793	0.002	1.850	69.024	0.000	88.50
	age	-0.041	16.674	0.000	0.960			
	education		15.972	0.025				
	education（1）	-2.214	6.516	0.011	0.109			
	education（3）	-2.795	8.710	0.003	0.061			
	education（4）	-2.379	7.483	0.006	0.093			
	education（5）	-2.673	10.312	0.001	0.069			
	education（6）	-1.859	4.213	0.040	0.156			
	education（7）	-2.983	4.955	0.026	0.051			
	β_0	1.647	3.974	0.046	5.190			
散步	leisuretime	0.023	16.153	0.000	1.023	37.000	0.000	77.90
	gender	-0.631	17.915	0.000	0.532			
	income	0.074	6.800	0.009	1.077			
健美体操	gender	-1.615	17.713	0.000	0.199	61.506	0.000	94.40
	age	-0.033	5.613	0.018	0.968			
	education		17.587	0.014				
	education（1）	-2.487	8.751	0.003	0.083			

续表

活动种类	自变量	B	Wald	Sig.	Exp(B)	χ^2	Sig.	预测正确率（%）
健美体操	education（3）	-3.157	9.228	0.002	0.043	61.506	0.000	94.40
	education（4）	-2.933	11.241	0.001	0.053			
	education（5）	-2.795	12.734	0.000	0.061			
	education（6）	-2.341	5.721	0.017	0.096			
跳舞	leisuretime	0.018	6.748	0.009	1.018	56.481	0.000	90.90
	gender	-1.886	35.809	0.000	0.152			
	β_0	-2.300	100.928	0.000	0.100			
轻体操	gender	-1.112	3.910	0.048	0.329	4.714	0.030	98.20
	β_0	-3.652	208.032	0.000	0.026			
太极拳	age	0.037	13.460	0.000	1.038	13.201	0.000	96.10
	β_0	-4.766	94.671	0.000	0.009			
钓鱼	gender	1.050	24.945	0.000	2.858	26.463	0.000	90.00
	β_0	-2.751	270.315	0.000	0.064			

注：education（1）在校大学生，education（2）已毕业小学，education（3）已毕业初中，education（4）已毕业高中，education（5）已毕业大学，education（6）已毕业研究生，education（7）未上过学或者其他，参照类为“在校中学生”。

表5-4显示的是按照“条件参数估计原则”将自变量纳入模型的方法下，得到的最终模型估计结果，表中只显示了在0.05的显著性水平下、回归系数和卡方值具有显著统计意义的自变量及其相应参数估计和检验结果值。需要指出的是，在原来的19项体育休闲活动中，除了没有对“其他”项做相应的回归分析之外，剩余的18项活动中只有“排球”的回归估计结果没有通过检验，所以在表中没有体现。其余17项活动的模型整体卡方检验显著，根据模型对被访对象参与活动的回测正确率较高，绝大部分活动回测正确率在80%以上，说明模型整体的拟合优度较好。但17项活动在五个自变量上的参数估计结果差异较大，有的在其中一个自变量上的回归效果明显，有的则是在两个或者更多个自变量的估计结果显著。

这种差异意味着不同体育休闲活动的影响因素不尽相同，下文将结合以上统计结果对不同体育休闲活动的影响因素进行归纳和总结。

5.2.3.3 结果解释

（1）休闲时间对于绝大多数体育休闲活动参与概率的变动不具有解释力。从表5-3的统计结果可见，休闲时间只有在游泳、散步和跳舞3项活动的回归模型中，对应的回归系数估计值是显著的，其余14项活动的对应值都不显著。这一结果说明，尽管休闲时间是从事体育休闲活动的必要条件，但并非有休闲时间就一定会参与这些活动，休闲时间的变化反应在这些活动参与概率的变化上并不明显。即便在回归系数显著的3项活动中，在其他变量保持不变的情况下，休闲时间的单位增量（10分钟），使得散步和跳舞的发生比扩大的幅度也是非常有限的，分别是原来发生比的1.023倍和1.018倍，而游泳的发生比不升反降，是原来发生比的0.986倍。

（2）男女有别，在多项体育活动中差异明显。回归分析结果表明，男性在乒乓球、篮球、足球、长跑和钓鱼5项活动的发生比要明显高于女性，分别是女性在5项活动发生比的2.522倍、11.498倍、17.785倍、1.85倍和2.858倍，其中尤以足球最为明显，高出女性发生比的16.785倍。而在散步、健美体操、跳舞和轻体操4项活动中，女性的发生比要比男性的高，模型估计结果显示，男性在以上4项活动的发生比平均说来是女性发生比的0.532倍、0.199倍、0.152倍和0.329倍，明显低于女性相应值。

（3）年龄的负向影响效应。在进行回归分析的17项体育休闲活动中，年龄在11项活动的回归系数是显著的，分别是羽毛球、篮球、足球、游泳、滑冰、滑雪、登山、长跑、健美体操和太极拳。但只有在太极拳的系数值为正，表明年长的人参与太极拳活动的可能性大于年轻的人，其余9项活动的系数值全部为负，说明随着年龄的增加，人们参与这些活动的概率在减少。可见，由于体育活动对技能以及体能的要求不同，在参与者年龄的分布上体现出一种自然选择效应，在休闲体育活动范围和种类的选择上，体现着年轻就是资本的配置格局。

（4）受教育程度对参与休闲体育活动的影响。模型中的受教育程度是一个有 8 种取值情况的虚拟变量，分析时选择“在校中学生”作为参照对象。模型估计结果表明，该变量在乒乓球、羽毛球、足球、网球、游泳、长跑和健美体操共 7 项活动中的影响是显著的，而且回归系数的取值全部小于 0。说明对于这 7 项活动而言，相对在校中学生，其余不同受教育程度的人参与活动的概率或者可能性在下降，另外，也说明中学在开展这些体育活动方面的工作做得比较好。但不同受教育程度人群之间的差异在不同活动上的具体体现又是不同的。具体分析如下：

乒乓球活动中，和在校中学生相比，最终学历初中、高中和大学以及从未上过学的人参加该项活动的发生比明显下降，Exp(B) 值分别为 0.072、0.115、0.242 和 0.052，表明这些人参与乒乓球活动的发生比分别是在校中学生的 0.072 倍、0.115 倍、0.242 倍和 0.052 倍。四者相比，从未上过学的人其发生比是最低的，上过大学的人发生比是最高的，初中和高中的发生比居中。可见，对于离开学校步入社会的人来讲，文化程度越高参与乒乓球活动的发生比越高。

羽毛球活动中，和在校生相比，没有受过大学教育的人的发生比要低得多。在其他条件不变的情况下，从未上过学、小学、初中、高中文化程度的人的发生比分别是在校中学生发生比的 0.076 倍、0.024 倍、0.090 倍和 0.191 倍，而无论是在校大学生还是已经毕业的大学生们，在参与羽毛球的发生比上和在校中学生并没有显著差别。可见打羽毛球在校园里或者受过大学教育的人群中，是比较受欢迎的休闲活动。

足球活动中，虽然在校中学生的发生比是最高的，但是大学生这一群体，无论是在校的还是已经离校的，他们参与足球活动的发生比要高于学历较低的初中生和高中生。可见，足球在大学生活中扮演重要角色，这种惯性将延续到他们离校以后的社会生活中。网球活动也体现出类似的特征，在校大学生的发生比低于在校中学生但高于最终学历只有初中和高中文化程度的人。游泳活动中，所有受教育程度的人群中，只有初中文化程度的人和在其他类别之间存在差异。

长跑和健美体操的特点类似，不同文化程度的人群之间差异明显。在校中学生的发生比最高，接下来的次序是具有研究生文化程度的人、已毕业大学生、在校大学生、高中生、初中生。可见学校校园以外的世界里，受教育程度越高的人参与长跑和健美操活动的发生比就越高。

（5）收入对多项体育休闲活动具有正向影响效应。回归分析结果显示，家庭年收入在羽毛球、保龄球、游泳、滑雪、登山和散步 6 项活动中回归系数是显著的，分别为 0.102、0.144、0.168、0.123、0.058 和 0.074，意味着家庭年收入水平对这 6 项活动的参与概率的影响是正向的，即收入水平越高参与的可能性越大。在其他变量保持不变的情况下，家庭年收入的区间档位每增加一个级别（模型分析中的家庭年收入为顺序变量），参与以上 6 项体育休闲活动的发生比分别是原来的 1.107 倍、1.155 倍、1.183 倍、1.131 倍、1.060 倍和 1.077 倍。具体来看以上 6 项活动，除了散步以外，其余 5 项活动对场馆和活动装备的要求比较高，往往伴随较大的经济支出，所以需要收入来保障。而收入对散步虽然不产生直接的正向影响，因为散步几乎不需要任何经济支出，但是实际情况是，收入越高的人健康投资的理念也往往越强，散步作为一种简单易行、不受场地和时间限制的慢节奏健康活动方式，受到各阶层人士的喜爱和认可，因此随着收入的提高，加入散步一族的可能性加大也成为正常不过的事情。

5.3 体育休闲活动设施使用情况分析

参与体育活动，不仅需要时间条件，也需要空间条件，例如，各种球类活动就需要具有相应的场地和配套设施，否则无法进行。为此在休闲需求问卷调查中往往会涉及有关活动设施使用情况的信息收集，但因为和体育相关的设施种类繁多，在调查时必须事先对设施进行分类，分类的依据取决于分类研究的目的。2011 年，北京市居民休闲生活问卷调查中针对各种体育活动的关联信息中就包含了这样的问题："在过去一年里您参与这项活动时使用了哪些设施?"，问题的选项设计包括"1. 单位设施、2. 学校设施、3. 国营设施、4. 民用设施、5. 不需要设施、6. 其他"共六个选项。这一分类主要侧重于考察体育活动相关设施的隶属和运营性质，可以间接反映出哪些机构和部门可以满足人们不同的体育休闲需求。

根据 2011 年北京市居民休闲生活调查问卷数据，考虑到该问题是任意多选题，所以对原始调查数据进行编码录入时，采用了多重二分的方法，即把以上 6 个选项分别定义为一个变量，变量值的设定方式为：如果被访者选择该选项，则设定变量值等于 1，如果被访者不选择，则设定变量值等于 0。然后把这 6 个变量定义为一个变量集进行分析。因为是多选题，针对变量集的分析通常计算两个统计指标：一个是应答人数百分比，另一个是应答次数百分比。前者反映的是在参与回答这一问题的人数中使用某种设施的人数所占的百分比；后者反映的是选择某种设施的人次占参与回答这一问题的总人次的百分比。从两个指标的取值来看，因为问题本身是多选题，所以 6 个选项应答人数百分比之和通常大于 100%（当且仅当被访者都只进行了单选时，该百分比之和才会等于 100%），而应答次数百分比之和一定是等于 100%。从指标含义来看，应答人数百分比侧重于反映人们对使用某一设施的意愿强度或者依赖性，而应答次数百分比侧重于反映人们对各种设施选择的结构关系。北京市居民体育休闲活动设施使用情况统计结果见表 5－5。

表 5－5　　北京市居民各种体育休闲活动设施使用情况统计　　单位：%

活动种类	统计指标	单位设施	学校设施	国营设施	民营设施	不用设施	其他	合计
乒乓球	应答人数百分比	33.04	16.07	14.73	24.55	1.79	14.29	104.46
	应答次数百分比	31.62	15.38	14.10	23.50	1.71	13.68	100.00
羽毛球	应答人数百分比	13.65	15.22	11.02	23.88	23.62	19.95	107.35
	应答次数百分比	12.71	14.18	10.27	22.25	22.00	18.58	100.00

续表

活动种类	统计指标	单位设施	学校设施	国营设施	民营设施	不用设施	其他	合计
篮球	应答人数百分比	18.84	49.28	18.12	25.36	2.17	1.45	115.22
	应答次数百分比	16.35	42.77	15.72	22.01	1.89	1.26	100.00
足球	应答人数百分比	9.26	42.59	14.81	22.22	7.41	5.56	101.85
	应答次数百分比	9.09	41.82	14.55	21.82	7.27	5.45	100.00
网球	应答人数百分比	14.29	19.05	14.29	33.33	4.76	14.29	100.00
	应答次数百分比	14.29	19.05	14.29	33.33	4.76	14.29	100.00
排球	应答人数百分比	6.67	60.00	6.67	13.33	6.67	6.67	100.00
	应答次数百分比	6.67	60.00	6.67	13.33	6.67	6.67	100.00
保龄球	应答人数百分比	4.26	4.26	14.89	68.09	3.19	6.38	101.06
	应答次数百分比	4.21	4.21	14.74	67.37	3.16	6.32	100.00
游泳	应答人数百分比	3.95	9.49	15.42	62.85	2.37	9.49	103.56
	应答次数百分比	3.82	9.16	14.89	60.69	2.29	9.16	100.00
滑冰	应答人数百分比	1.72	5.17	17.24	48.28	6.90	20.69	100.00
	应答次数百分比	1.72	5.17	17.24	48.28	6.90	20.69	100.00
滑雪	应答人数百分比	0.75	0.75	12.69	68.66	4.48	12.69	100.00
	应答次数百分比	0.75	0.75	12.69	68.66	4.48	12.69	100.00
登山	应答人数百分比	1.28	1.07	17.31	3.63	56.84	20.30	100.43
	应答次数百分比	1.28	1.06	17.23	3.62	56.60	20.21	100.00
长跑	应答人数百分比	3.03	10.61	2.27	6.06	65.15	13.64	100.76
	应答次数百分比	3.01	10.53	2.26	6.02	64.66	13.53	100.00
散步	应答人数百分比	1.04	2.09	4.64	1.51	75.75	16.59	101.62
	应答次数百分比	1.03	2.05	4.57	1.48	74.54	16.32	100.00
健美体操	应答人数百分比	7.94	15.87	6.35	30.16	20.63	20.63	101.59
	应答次数百分比	7.81	15.63	6.25	29.69	20.31	20.31	100.00
跳舞	应答人数百分比	8.91	2.97	8.91	24.75	36.63	20.79	102.97
	应答次数百分比	8.65	2.88	8.65	24.04	35.58	20.19	100.00
轻体操	应答人数百分比	0.00	10.00	5.00	10.00	45.00	30.00	100.00
	应答次数百分比	0.00	10.00	5.00	10.00	45.00	30.00	100.00

续表

活动种类	统计指标	单位设施	学校设施	国营设施	民营设施	不用设施	其他	合计
太极拳	应答人数百分比	4.65	0.00	4.65	2.33	72.09	16.28	100.00
	应答次数百分比	4.65	0.00	4.65	2.33	72.09	16.28	100.00
钓鱼	应答人数百分比	1.80	1.80	3.60	39.64	8.11	45.95	100.90
	应答次数百分比	1.79	1.79	3.57	39.29	8.04	45.54	100.00
其他	应答人数百分比	8.47	1.69	0.00	37.29	27.12	27.12	101.69
	应答次数百分比	8.33	1.67	0.00	36.67	26.67	26.67	100.00

从表5-5可以看出，19项体育活动中，有6项活动的应答人数百分比和应答次数百分比是完全相同的，分别是网球、排球、滑冰、滑雪、轻体操和太极拳。直接表明的是，被访者在进行问卷相应问题的作答时采用的是单选的形式；间接反映的是，被访者在参与这些活动时通常具有比较稳定的活动场所或设施。其余13项活动的应答人数百分比之和均大于应答次数百分比之和，但是二者的差距不大。其中，最突出的是篮球，应答人数百分比之和最高为115.22%，第二是羽毛球为107.35%，第三是乒乓球为104.46%。三类活动在各种设施的应答人数百分比差异较小，说明人们在参与这三类活动时设施使用选择范围大、意愿多样化，同时也有多重途径可以满足人们的休闲需求，也说明各机构部门在满足人们该类活动方面提供了不错的保障。相对而言，应答人数百分比之和较小的活动其特点是各种设施的应答人数百分比差异较大，往往在某一种设施上有突出表现，如散步、长跑和登山对绝大多数人来讲，无须使用设施，在“不用设施”上的应答人数百分比分别为75.75%、64.66%和56.84%；排球在“学校设施”上的应答人数百分比高达60%；而滑雪、保龄球和游泳活动在“民营设施”的应答人数百分比分别为68.66%、68.09%和62.85%，而这些活动在其他设施上的取值较小。间接说明学校和民营商业机构为满足人们在这些体育活动需求方面发挥了非常重要的作用。因为总体来讲，13项活动的应答人数百分比和应答次数百分比差别不大，所以从应答次数百分比看各种活动的设施使用结构情况，存在着和应答人数百分比类似

的结果特征，在此不再赘述。

为了更好地理解和概括各种体育活动的设施使用特征，这里以应答次数百分比在“单位设施”“学校设施”“国营设施”“民营设施”“不用设施”“其他”的取值为分析变量，采用 SPSS 19.0 系统默认的组间连接系统聚类方法，对 19 项体育休闲活动进行聚类分析，系统聚类见图 5－4。

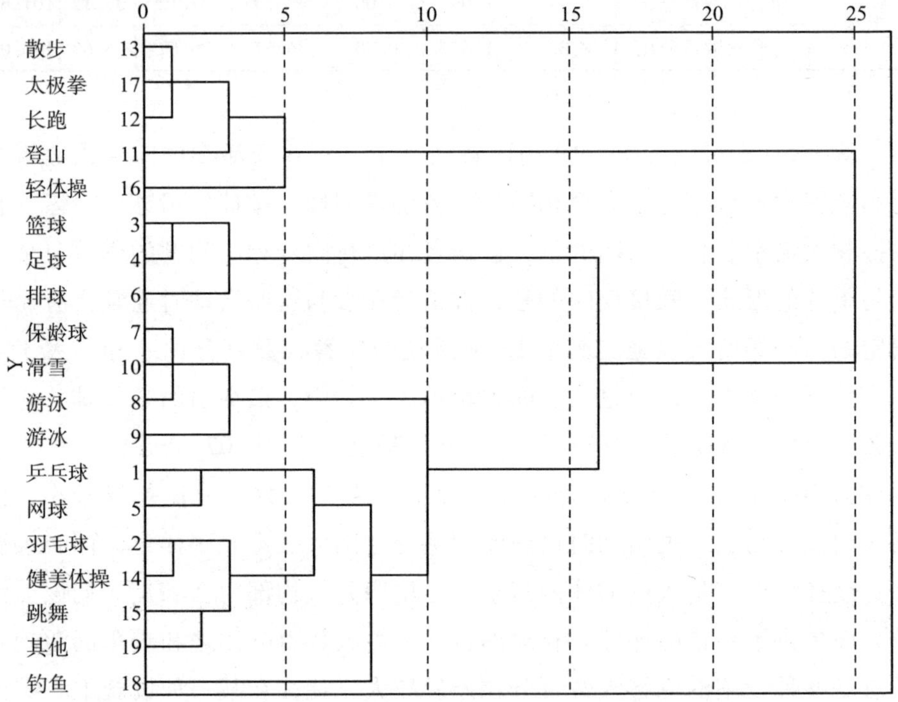

图 5－4　各种体育活动按设施使用情况系统聚类图

结果分析表明，从设施使用情况来看，19 项体育休闲活动可以分成以下四类：

第一类：散步、太极拳、长跑、登山和轻体操。

第二类：篮球、足球和排球。

第三类：保龄球、滑雪、游泳和滑冰。

第四类：乒乓球、网球、羽毛球、健美体操、跳舞、其他和钓鱼。

根据以上分类结果将表5-4中的应答次数百分比数据重新整理得到表5-6，可见四类活动在设施使用方面的特点具有明显的类别特征。

表5-6　四类体育休闲活动在不同设施上的应答次数百分比　单位：%

分类	活动种类	单位设施	学校设施	国营设施	民营设施	不用设施	其他	合计
第一类	散步	1.03	2.05	4.57	1.48	**74.54**	16.32	100.00
	太极拳	4.65	0.00	4.65	2.33	**72.09**	16.28	100.00
	长跑	3.01	10.53	2.26	6.02	**64.66**	13.53	100.00
	登山	1.28	1.06	17.23	3.62	**56.60**	20.21	100.00
	轻体操	0.00	10.00	5.00	10.00	**45.00**	30.00	100.00
第二类	篮球	16.35	**42.77**	15.72	22.01	1.89	1.26	100.00
	足球	9.09	**41.82**	14.55	21.82	7.27	5.45	100.00
	排球	6.67	**60.00**	6.67	13.33	6.67	6.67	100.00
第三类	保龄球	4.21	4.21	14.74	**67.37**	3.16	6.32	100.00
	滑雪	0.75	0.75	12.69	**68.66**	4.48	12.69	100.00
	游泳	3.82	9.16	14.89	**60.69**	2.29	9.16	100.00
	滑冰	1.72	5.17	17.24	**48.28**	6.90	20.69	100.00
第四类	乒乓球	31.62	15.38	14.10	23.50	1.71	13.68	100.00
	网球	14.29	19.05	14.29	33.33	4.76	14.29	100.00
	羽毛球	12.71	14.18	10.27	22.25	22.00	18.58	100.00
	健美体操	7.81	15.63	6.25	29.69	20.31	20.31	100.00
	跳舞	8.65	2.88	8.65	24.04	35.58	20.19	100.00
	其他	8.33	1.67	0.00	36.67	26.67	26.67	100.00
	钓鱼	1.79	1.79	3.57	39.29	8.04	45.54	100.00

第一类活动的主要特征是不需要设施，所包含的5项活动应答次数百分比分别为散步74.54%、太极拳72.09%、长跑64.66%、登山56.60%、轻体操45.00%，而在使用其他类型设施方面的占比很小，图5-4更是形象地体现了这一点。此类活动受场地约束小，参加者可以因时因地就自身的方便来选择参与，也省却了在场馆设施方面的货币性支出。

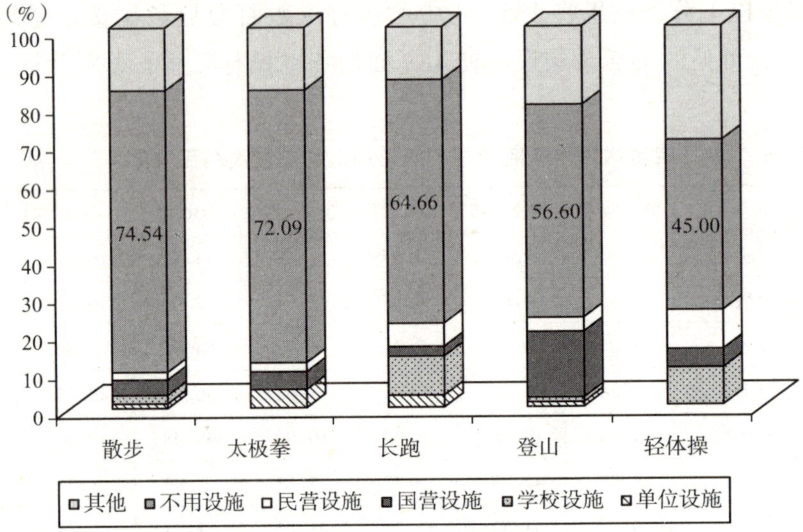

图 5-5　不用设施占比高的体育活动

第二类活动包括篮球、足球和排球，属于典型的需要场地设施进行的团体体育活动类型，该类活动对场地的依赖性比较强。图 5-6 显示，这 3 项活动在“学校设施”上的应答次数占比突出，分别是篮球 42.77%、足球 41.82%、排球 60.00%，可见学校在满足北京市居民以上 3 项体育活动需求方面做出了突出贡献。从实际情况来看，据国家统计数据显示，截至 2012 年底北京市有各级各类学校共计 3314 所，其中高等学校 91 所、中学 760 所。学校作为人才培养基地，往往拥有比较丰富的体育设施，尤其是高等学校，其体育设施不仅仅服务于学校师生，对社会也具有比较高的开放性。北京作为首都，高校云集，其体育场馆设施也为社会公众的体育休闲活动提供了非常便利的条件。

第三类活动包括保龄球、滑雪、游泳和滑冰四项活动，这类活动的共同特点是对场地设施有比较高的依赖性，而且场地设施建设本身都有特殊要求。从实际设施使用情况来看，该类活动的主要特点是活动主要依赖民营商业设施和国营设施来实现，例如，保龄球馆、滑雪场、游泳馆和滑冰场等经营场所以及由政府公共部门提供的体育场馆设施，图 5-7 也显示

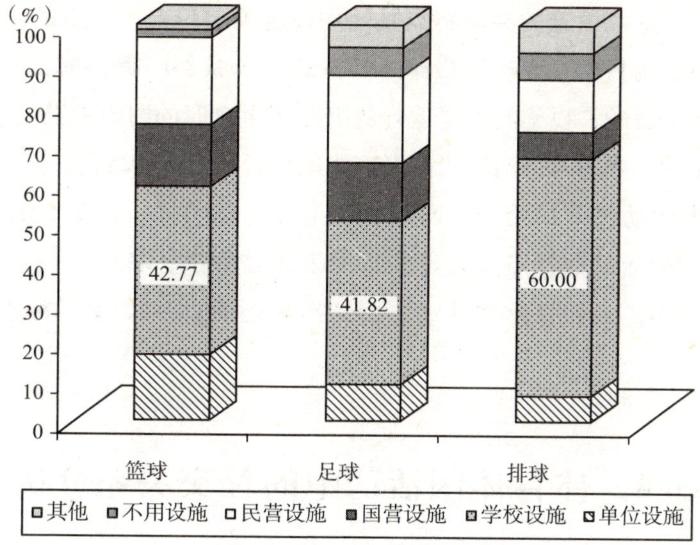

图 5－6　主要使用学校设施的体育休闲活动

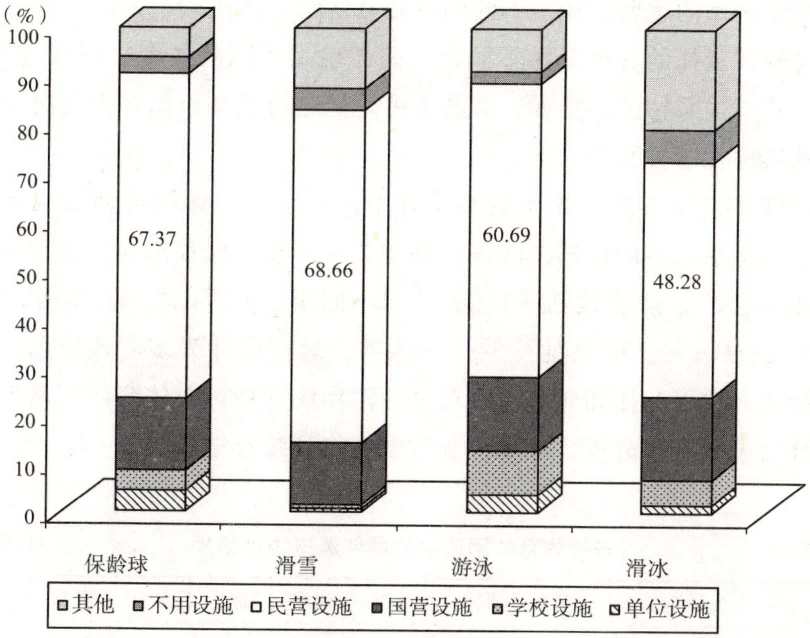

图 5－7　主要使用商业设施的体育休闲活动

了这一特征。这些设施的共同特点是使用设施需要付费，二者的区别在于民营设施以营利为目的，而国营设施通常是政府公共部门提供的、虽不免费但并不以营利为目的，设施的主要运营费用往往由政府的财政补贴支出来维系。从消费者来看，参与这类活动所需设施费用相对其他活动较高。

第四类活动包括乒乓球、网球、羽毛球、健美操、跳舞、其他和钓鱼等活动，这类活动的特点是在设施选择上比较分散，各种不同设施的使用占比差别较小。人们在这些活动方面的需求是通过多渠道、多途径的方式来实现的。

5.4 体育休闲活动中的社交关系分析

参与体育休闲活动，不仅可以增强体质、愉悦身心，而且也是培养和发展社交关系的重要途径。不同的活动其活动方式不同，人们在参与这些活动时同伴选择的心理意愿不同，从而体现出不同的体育休闲社交关系。对这一社交关系特征的把握，有利于更好地进行活动组织和提高场馆设施建设的人性化服务水平。

2011 年北京市居民休闲生活调查中，关于体育休闲活动的调查内容包括了参加活动的同伴选择问题“在过去一年中，您参加这项活动时通常和谁在一起?”，选项包括“1. 家人、2. 同事、3. 同学、4. 邻居、5. 朋友、6. 独自一人、7. 其他”共七个选项，题型设计为多项选择题。同样使用应答人数百分比和应答次数百分比两项统计指标对体育休闲活动中的这一社交关系进行分析，根据调查数据，得到统计结果表 5 – 7。

表 5 – 7　　各种体育休闲活动的同伴选择统计结果　　单位：%

活动种类	统计指标	家人	同事	同学	邻居	朋友	独自	其他	合计
乒乓球	应答人数百分比	25.89	34.38	7.14	**4.91**	35.27	**0.89**	5.36	113.84
	应答次数百分比	22.75	30.20	6.27	**4.31**	30.98	**0.78**	4.71	100.00

续表

活动种类	统计指标	家人	同事	同学	邻居	朋友	独自	其他	合计
羽毛球	应答人数百分比	37. 01	25. 20	4. 99	**3. 94**	36. 48	**1. 05**	4. 99	113. 65
	应答次数百分比	32. 56	22. 17	4. 39	**3. 46**	32. 10	**0. 92**	4. 39	100. 00
篮球	应答人数百分比	16. 56	34. 44	9. 27	3. 31	51. 66	**1. 99**	2. 65	119. 87
	应答次数百分比	13. 81	28. 73	7. 73	2. 76	43. 09	**1. 66**	2. 21	100. 00
足球	应答人数百分比	12. 96	40. 74	9. 26	7. 41	46. 30	**1. 85**	1. 85	120. 37
	应答次数百分比	10. 77	33. 85	7. 69	6. 15	38. 46	**1. 54**	1. 54	100. 00
网球	应答人数百分比	38. 10	23. 81	4. 76	**0. 00**	33. 33	4. 76	4. 76	109. 52
	应答次数百分比	34. 78	21. 74	4. 35	**0. 00**	30. 43	4. 35	4. 35	100. 00
排球	应答人数百分比	15. 38	23. 08	23. 08	**0. 00**	30. 77	**0. 00**	7. 69	100. 00
	应答次数百分比	15. 38	23. 08	23. 08	**0. 00**	30. 77	**0. 00**	7. 69	100. 00
保龄球	应答人数百分比	20. 21	43. 62	0. 00	**1. 06**	41. 49	**0. 00**	3. 19	109. 57
	应答次数百分比	18. 45	39. 81	0. 00	**0. 97**	37. 86	**0. 00**	2. 91	100. 00
游泳	应答人数百分比	41. 11	14. 23	1. 98	**0. 40**	37. 55	11. 86	4. 35	111. 46
	应答次数百分比	36. 88	12. 77	1. 77	**0. 35**	33. 69	10. 64	3. 90	100. 00
滑冰	应答人数百分比	31. 03	5. 17	8. 62	**0. 00**	50. 00	5. 17	6. 90	106. 90
	应答次数百分比	29. 03	4. 84	8. 06	**0. 00**	46. 77	4. 84	6. 45	100. 00
滑雪	应答人数百分比	35. 82	19. 40	0. 75	**0. 00**	48. 51	**0. 00**	4. 48	108. 96
	应答次数百分比	32. 88	17. 81	0. 68	**0. 00**	44. 52	**0. 00**	4. 11	100. 00
登山	应答人数百分比	37. 61	20. 94	2. 78	2. 56	44. 44	**2. 35**	5. 98	116. 67
	应答次数百分比	32. 23	17. 95	2. 38	2. 20	38. 10	**2. 01**	5. 13	100. 00
长跑	应答人数百分比	18. 18	9. 85	9. 09	**1. 52**	16. 67	47. 73	3. 79	106. 82
	应答次数百分比	17. 02	9. 22	8. 51	**1. 42**	15. 60	44. 68	3. 55	100. 00
散步	应答人数百分比	59. 16	14. 29	15. 87	**4. 76**	25. 40	30. 16	6. 35	112. 70
	应答次数百分比	47. 09	5. 36	1. 29	5. 72	16. 71	19. 48	4. 34	100. 00
健美体操	应答人数百分比	15. 87	14. 29	15. 87	**4. 76**	25. 40	30. 16	6. 35	112. 70
	应答次数百分比	14. 08	12. 68	14. 08	**4. 23**	22. 54	26. 76	5. 63	100. 00
跳舞	应答人数百分比	9. 90	22. 77	3. 96	**12. 87**	33. 66	23. 76	1. 98	108. 91
	应答次数百分比	9. 09	20. 91	3. 64	**11. 82**	30. 91	21. 82	1. 82	100. 00

续表

活动种类	统计指标	家人	同事	同学	邻居	朋友	独自	其他	合计
轻体操	应答人数百分比	15.00	10.00	0.00	**0.00**	10.00	65.00	5.00	105.00
	应答次数百分比	14.29	9.52	0.00	**0.00**	9.52	61.90	4.76	100.00
太极拳	应答人数百分比	0.00	6.98	2.33	**27.91**	25.58	46.51	2.33	111.63
	应答次数百分比	0.00	6.25	2.08	**25.00**	22.92	41.67	2.08	100.00
钓鱼	应答人数百分比	41.44	12.61	0.00	**0.00**	52.25	5.41	5.41	117.12
	应答次数百分比	35.38	10.77	0.00	**0.00**	44.62	4.62	4.62	100.00
其他	应答人数百分比	28.13	29.69	3.13	9.38	37.50	18.75	4.69	131.25
	应答次数百分比	21.43	22.62	2.38	7.14	28.57	14.29	3.57	100.00

和设施使用统计结果不同的是，各类体育休闲活动同伴选择的应答人数百分比之和明显高于应答次数百分比之和，其中比较突出的前三项活动为足球、篮球和登山，三者的应答人数百分比高达120.37%、119.87%、116.67%。这一结果表明，一方面，在体育休闲活动的同伴选择上人们进行多项选择的意愿强，意味着愿意和不同身份关系的人参与同一种活动，即意愿范围宽；另一方面，在具体每一个选项上选择的人数多，也即意愿强度大。体现出体育休闲社交关系比较丰富的特点。从7种同伴选项上来看，这一特点更加明显，除了长跑、散步、健美体操、跳舞、轻体操和太极拳6项活动独自参与的比例较高以外，其余12项活动中有8项活动在独自参与上的统计结果值是最低的，包括乒乓球、羽毛球、篮球、足球、排球、保龄球、滑雪和登山，这其中除了有些活动因本身往往是团队活动、独自进行的可能性小之外，也体现了人们更喜欢和其他人一起参与体育休闲活动的社交心理。这里需要特别指出的是和邻居参与活动的情形，表5-6中统计结果显示，19项活动中，除了太极拳和跳舞两项活动在邻居上的应答人数或者次数较高以外，其余活动在这一选项上的应答均比较低。可见，现代都市生活中，邻里关系单薄。虽然在中国的传统文化里，有着“远亲不如近邻”的古训，但随着社会经济的发展，生活节奏的加快，人口流动性增强，特别是商业住宅逐渐替代曾经的单位房成为人们生

活中的主要住所，邻居之间关系变得越来越疏远，彼此之间成为世界上距离最近的陌生人，所以人们在选择自己的休闲活动伙伴时，选择邻居的很少。而太极拳和跳舞特别是广场舞，其活动主角往往是离退休人员，活动场所也往往就近选择家门口附近的公共场所，因此和邻居一起参与的机会也随之增大。

从具体每一项活动的同伴选择来看，每一种活动各具特点，彼此之间差异也不尽相同。为进一步概括和分析 19 项体育休闲活动的社交关系特征，同样采用应答次数百分比在 7 个选项上的得分对 19 项活动进行聚类分析（方法同前），结果见图 5 -8。

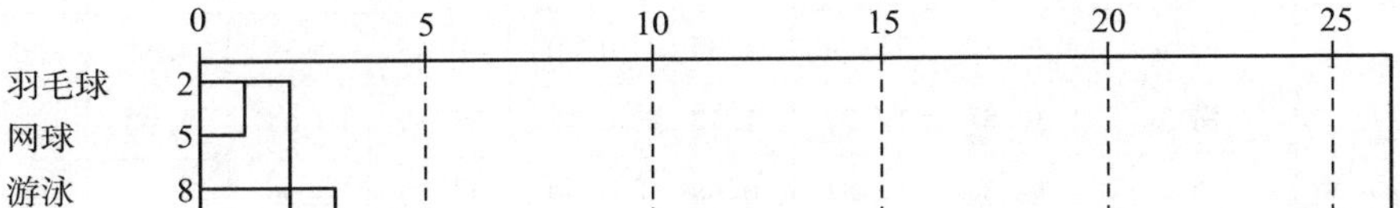

图 5 -8　各种体育休闲活动按活动同伴选择的系统聚类图

根据以上聚类分析结果，可以将 19 项体育休闲活动分为以下五类：

第一类：羽毛球、网球、游泳、滑雪、登山、滑冰和钓鱼。

第二类：篮球、足球、保龄球、乒乓球、排球。

第三类：跳舞、其他和健美体操。

第四类：散步。

第五类：长跑、轻体操和太极拳。

根据这一分类结果将表5-6中应答次数百分比重新进行整理，得到表5-8。从中可见六类体育休闲活动在同伴选择上的特点鲜明，总结如下：

表5-8　六类体育休闲活动在不同同伴选择上的应答次数百分比　单位：%

类别	活动种类	家人	同事	同学	邻居	朋友	独自	其他	合计
第一类	羽毛球	32.56	22.17	4.39	3.46	32.10	0.92	4.39	100.00
	网球	34.78	21.74	4.35	0.00	30.43	4.35	4.35	100.00
	游泳	36.88	12.77	1.77	0.35	33.69	10.64	3.90	100.00
	滑雪	32.88	17.81	0.68	0.00	44.52	0.00	4.11	100.00
	登山	32.23	17.95	2.38	2.20	38.10	2.01	5.13	100.00
	钓鱼	35.38	10.77	0.00	0.00	44.62	4.62	4.62	100.00
	滑冰	29.03	4.84	8.06	0.00	46.77	4.84	6.45	100.00
第二类	篮球	13.81	28.73	7.73	2.76	43.09	1.66	2.21	100.00
	足球	10.77	33.85	7.69	6.15	38.46	1.54	1.54	100.00
	保龄球	18.45	39.81	0.00	0.97	37.86	0.00	2.91	100.00
	乒乓球	22.75	30.20	6.27	4.31	30.98	0.78	4.71	100.00
	排球	15.38	23.08	23.08	0.00	30.77	0.00	7.69	100.00
第三类	跳舞	9.09	20.91	3.64	11.82	30.91	21.82	1.82	100.00
	其他	21.43	22.62	2.38	7.14	28.57	14.29	3.57	100.00
	健美体操	14.08	12.68	14.08	4.23	22.54	26.76	5.63	100.00
第四类	散步	47.09	5.36	1.29	5.72	16.71	19.48	4.34	100.00
第五类	长跑	17.02	9.22	8.51	1.42	15.60	44.68	3.55	100.00
	轻体操	14.29	9.52	0.00	0.00	9.52	61.90	4.76	100.00
	太极拳	0.00	6.25	2.08	25.00	22.92	41.67	2.08	100.00

（1）第一类活动，同伴选择意愿以家人和朋友为主，如图5-9所示。

此类活动中的 7 项活动特点为：活动本身是单人技能型活动，或者虽需要有对手配合但只要有 2 个人即可进行，如羽毛球和网球。休闲时间里和家人，或者邀请朋友或者被朋友邀请参加活动，不仅锻炼身体、放松心情，也增进彼此之间的友情。

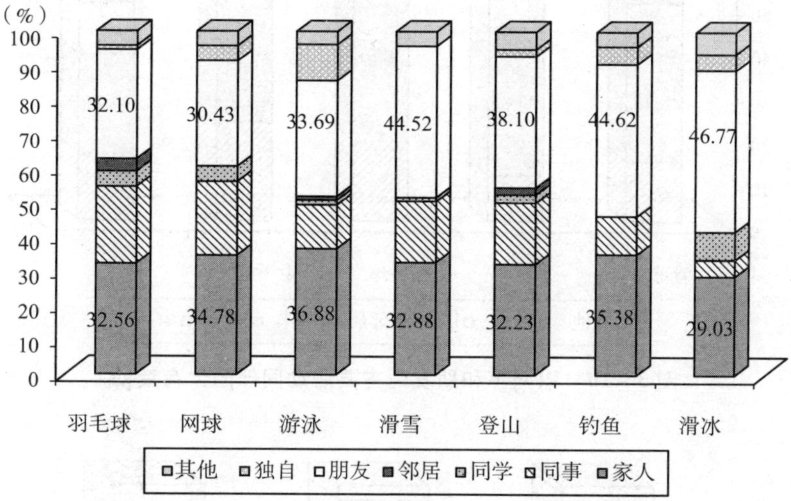

图 5－9　以家人和朋友为主要活动同伴的体育休闲活动

（2）第二类，同伴选择意愿以同事和朋友为主，如图 5－10 所示。这类活动的 5 项活动均为球类活动，其中篮球、足球和排球属于典型的团体性活动，多人同时进行配合协作，而保龄球和乒乓球虽然同时对局的一般为 2 人，但一般是团队成员轮流上阵进行对弈，活动伙伴选择以同事和朋友为主。

（3）第三类，包括跳舞、其他和健美体操，其中因为“其他”项为补缺项，并非具体的活动种类，所以重点分析另外两项。从统计指标值来讲，此类活动属于既可以与同事、朋友一起，也可以独自享受的休闲活动，见图 5－11。

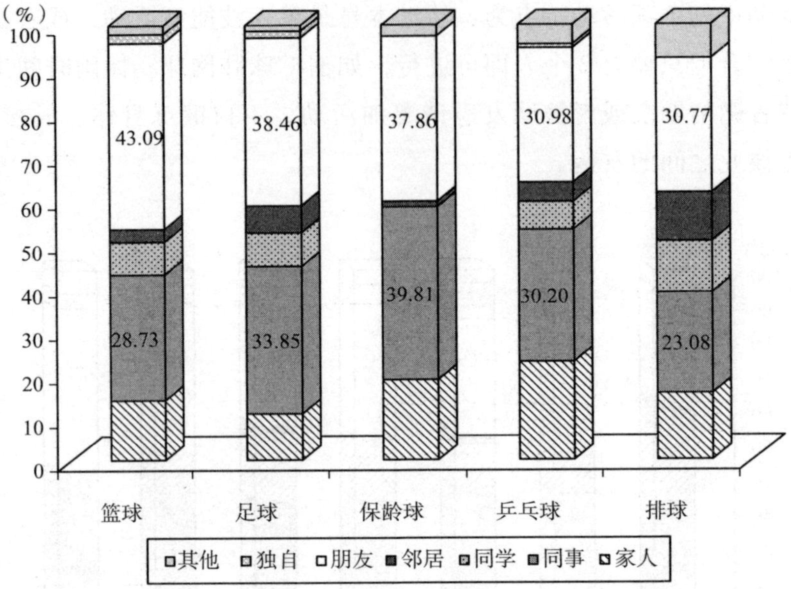

图 5－10　以同事和朋友为主要活动同伴的体育活动

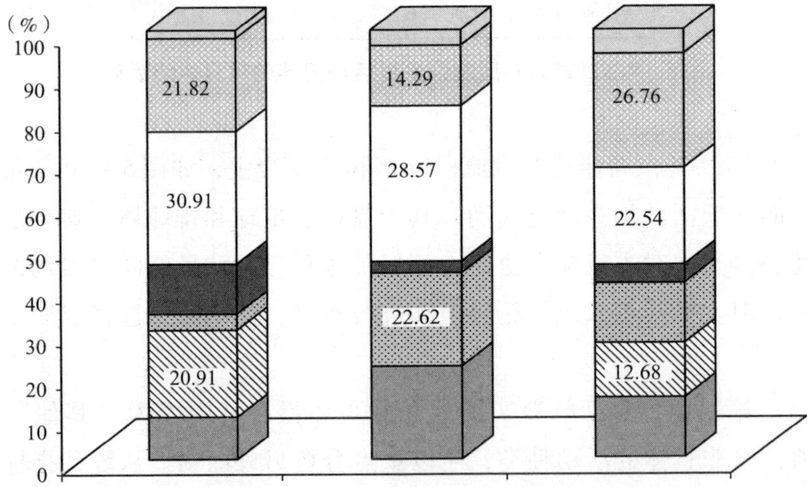

图 5－11　既能和同事、朋友分享也能独自享受的体育活动

第四类，只有散步一项活动，其主要特点是愿意和家人一起散步，其次是独自进行或者与朋友一起。和家人或者朋友一起散步聊天，对许多人来讲是一种生活享受。

第五类，包括长跑、轻体操和太极拳，特点是以独自进行为主，如图 5－12 所示。3 项活动属于典型的无须他人配合、可以自我享受型的体育活动，所以往往单独进行，3 项活动的同伴选择中独自进行的占比分别为 44.68%、61.90% 和 41.67%，所占百分比远远超过其他同伴选项。需要特别指出的是，太极拳活动中同伴为邻居的占比达到了 25%，仅次于独自进行的占比。打太极拳的人往往年纪较大，活动场所通常选择住家附近的广场、公园等公共活动场所，和街坊邻居一起进行的可能性增大。

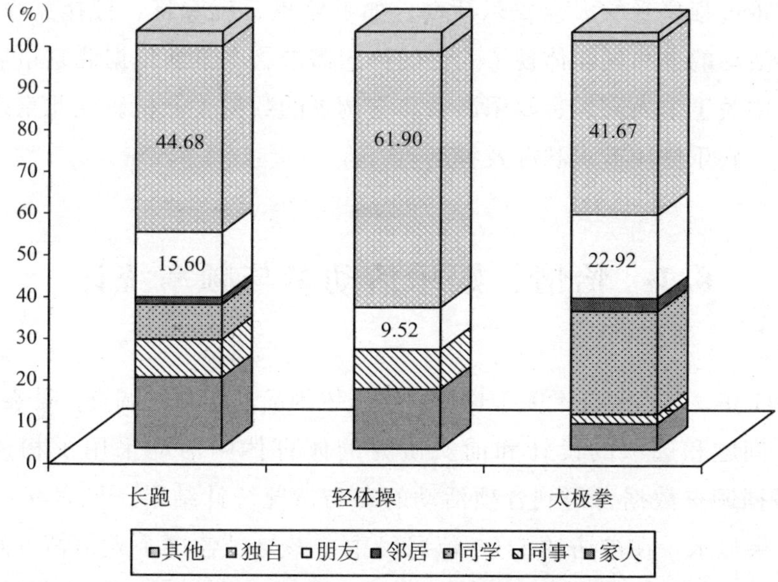

图 5－12　以独自为主进行的体育休闲活动

综上所述，不同体育休闲活动，其活动伙伴的选择意愿存在不同的倾向，体现着不同的社交关系特点。把握这些活动中的社交关系特点，对于活动组织和策划、对于如何提供更加人性化的场馆、设施和服务、对于更好地满足人们的体育休闲需求，有着不可或缺的重要意义。

第6章　怡情、娱乐休闲需求统计分析

人们在自由可支配的休闲时间里，所从事的活动种类繁多，除了体育活动以外，还会参与各种艺术作品鉴赏如观看电影、戏剧、美术、音乐作品等，也会根据个人兴趣爱好亲自参与、体验一些能够陶冶情操、提高艺术修养的怡情类活动，如绘画、书法、乐器演奏、戏剧表演等，也可能参与一些自得其乐、愉悦自己的创意动手活动如烹饪、剪裁、刺绣等，也可能是注重过程享受的大众娱乐活动，如下象棋、玩麻将、打扑克等活动。对这些活动的参与同样体现了人们的休闲需求，本章将依据北京市居民休闲调查中关于个人兴趣、娱乐活动参与调查的数据，分析研究北京市居民的怡情、娱乐休闲需求状况及特点。

6.1　怡情、娱乐活动参与频率统计

2011年，北京调查中关于怡情、娱乐休闲活动参与的调查，见表6－1。可见，问题和选项的设计和前文研究的体育休闲活动采用了相似的形式。根据调查数据，得到各项活动的参与情况统计结果，见表6－2。

结果显示，在被访的1106位居民中，参与过各项个人怡情、娱乐活动的人数各不相同，参与率高低参差不齐。参与人数最多的前五项活动分别是网络消遣（550人）、电影鉴赏（540）、电子游戏（444人）、兴趣阅读（437人）和打扑克（395人），五项活动的参与率分别为49.7%、48.82%、40.14%、39.51%和35.71%。参与人数最少的五项活动分别是剪裁（24人）、军棋（26人）、围棋（30人）、绘画雕刻制作（33人）和绘画（42人），五项活动的参与率分别为2.17%、2.35%、2.71%、

表 6-1　北京市居民休闲生活调查问卷（怡情、娱乐活动部分）

活动项目	1. 这一年去过否		2. 这一年去过几日/玩过几次							3. 和谁一起去的/玩的							4. 在过去的一年中，您在此项花费多少钱
	没有	去过	一年1～4日	一年5～9日	一年10～19日	一年20～39日	一年40～99日	一年100～199日	一年200日以上	家人	单位的人	学校的人	邻居	熟人朋友	一人	其他	
1. 体育观览（电视节目除外）	1	2	1	2	3	4	5	6	7	1	2	3	4	5	6	7	（　）元
2. 电影鉴赏（电视节目除外）	1	2	1	2	3	4	5	6	7	1	2	3	4	5	6	7	（　）元
3. 美术鉴赏（电视节目除外）	1	2	1	2	3	4	5	6	7	1	2	3	4	5	6	7	（　）元
4. 戏剧鉴赏（电视节目除外）	1	2	1	2	3	4	5	6	7	1	2	3	4	5	6	7	（　）元
5. 舞蹈鉴赏（电视节目除外）	1	2	1	2	3	4	5	6	7	1	2	3	4	5	6	7	（　）元
6. 音乐会	1	2	1	2	3	4	5	6	7	1	2	3	4	5	6	7	（　）元
7. 演唱会	1	2	1	2	3	4	5	6	7	1	2	3	4	5	6	7	（　）元
8. 唱声、磁带和音乐鉴赏	1	2	1	2	3	4	5	6	7	1	2	3	4	5	6	7	（　）元

续表

活动项目	1. 这一年去过否		2. 这一年去过几日/玩过几次							3. 和谁一起去的/玩的							4. 在过去的一年中，您在此项花费多少钱
	没有	去过	一年1~4日	一年5~9日	一年10~19日	一年20~39日	一年40~99日	一年100~199日	一年200日以上	家人	单位的人	学校的人	邻居	熟人朋友	一人	其他	
9. 乐器演奏	1	2	1	2	3	4	5	6	7	1	2	3	4	5	6	7	（　）元
10. 绘画雕刻制作	1	2	1	2	3	4	5	6	7	1	2	3	4	5	6	7	（　）元
11. 书法	1	2	1	2	3	4	5	6	7	1	2	3	4	5	6	7	（　）元
12. 绘画	1	2	1	2	3	4	5	6	7	1	2	3	4	5	6	7	（　）元
13. 剪裁	1	2	1	2	3	4	5	6	7	1	2	3	4	5	6	7	（　）元
14. 针织、刺绣	1	2	1	2	3	4	5	6	7	1	2	3	4	5	6	7	（　）元
15. 做菜肴、烹饪	1	2	1	2	3	4	5	6	7	1	2	3	4	5	6	7	（　）元
……																	

注：活动项目除了表中列示的15项活动之外，还包括：兴趣阅读、象棋（网络游戏除外）、军棋（网络游戏除外）、围棋（网络游戏除外）、麻将（网络游戏除外）、跳棋（网络游戏除外）、打扑克（网络游戏除外）、电子游戏（含电脑、网络游戏）、网络消遣（网络游戏除外）和其他共10项活动

2.98%和3.80%。将表6-1中的数据按照参与率的高低进行排序后，绘制成图6-1。可以更加直观地看到这一特征。

表6-2　　各种怡情、娱乐活动参与人数和参与率统计结果

活动项目	参与人数（人）	参与率（%）	活动项目	参与人数（人）	参与率（%）
体育观览（电视节目除外）	84	7.59	针织、刺绣	132	11.93
电影鉴赏（电视节目除外）	540	48.82	作菜肴、烹饪	388	35.08
美术鉴赏（电视节目除外）	76	6.87	兴趣阅读	437	39.51
戏剧鉴赏（电视节目除外）	80	7.23	象棋（网络游戏除外）	112	10.13
舞蹈鉴赏（电视节目除外）	44	3.98	军棋（网络游戏除外）	26	2.35
音乐会	89	8.05	围棋（网络游戏除外）	30	2.71
演唱会	104	9.40	跳棋（网络游戏除外）	81	7.32
唱声、磁带和音乐鉴赏	173	15.64	麻将（网络游戏除外）	308	27.85
乐器演奏	56	5.06	打扑克（网络游戏除外）	395	35.71
绘画雕刻制作	33	2.98	电子游戏（含电脑、网络游戏）	444	40.14
书法	47	4.25	网络消遣（网络游戏除外）	550	49.7
绘画	42	3.80	其他	97	8.8
剪裁	24	2.17			

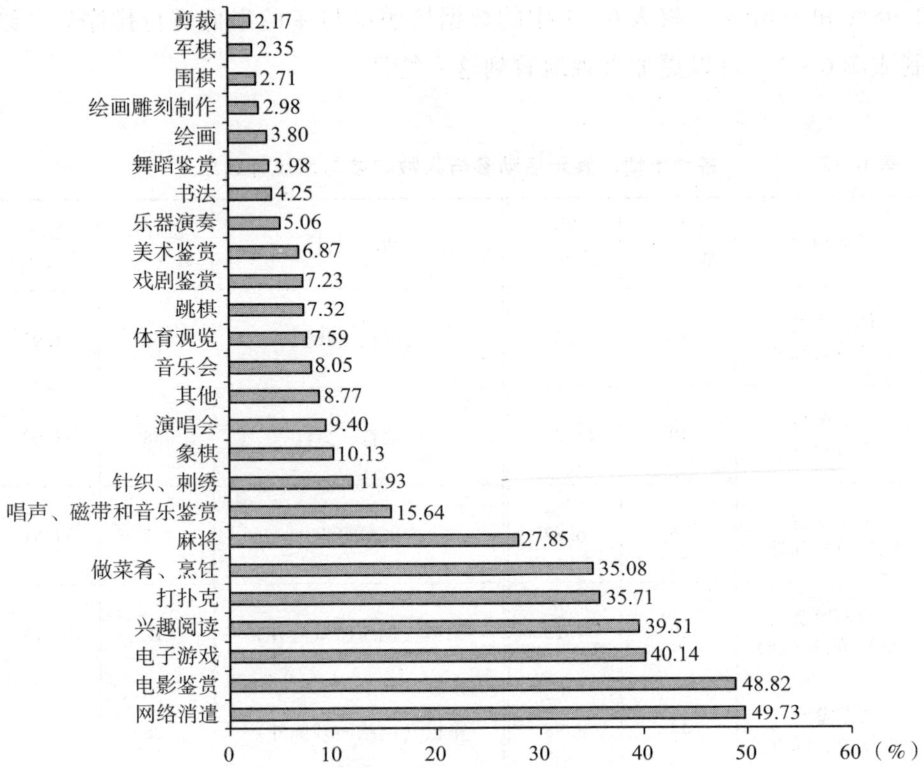

图 6-1　各种兴趣娱乐活动年参与率比较

从图 6-1 的参与率排序图中可以清楚地看出，参与率高的活动中绝大部分是消遣性活动，而参与率低的活动中绝大部分又是可以怡情养身、陶冶情操的活动，除了以上提到的绘画雕刻和绘画以外，还有舞蹈鉴赏、书法、乐器演奏、美术鉴赏和戏剧鉴赏等活动的参与率也是非常低的。从第 5 章所讲的休闲活动分类及层级结构看，以上的参与情况统计结果表明：目前，北京市居民的休闲需求层次还比较低，主要以消遣娱乐性活动为主，对精神性、积极性和创造性的休闲活动参与不足。

6.2　怡情、娱乐休闲活动参与次数分布状况分析

为了进一步了解各类怡情、娱乐休闲活动的参与情况，根据问卷调查数据整理计算出各项活动的参与者在不同参与次数频段分布的结构比例，结果见表6-3。

表6-3　各类怡情、娱乐休闲活动参与次数分布　　单位：%

活动项目	一年1~4日	一年5~9日	一年10~19日	一年20~39日	一年40~99日	一年100~199日	一年200日以上	合计
体育观览（电视节目除外）	79.76	9.52	8.33	2.38	0.00	0.00	0.00	100.00
电影鉴赏（电视节目除外）	45.37	28.15	19.26	5.74	0.74	0.19	0.56	100.00
美术鉴赏（电视节目除外）	75.00	14.47	10.53	0.00	0.00	0.00	0.00	100.00
戏剧鉴赏（电视节目除外）	67.50	22.50	7.50	1.25	1.25	0.00	0.00	100.00
舞蹈鉴赏（电视节目除外）	86.40	11.40	2.30	3.98	0.00	0.00	0.00	100.00
音乐会	87.64	11.24	1.12	0.00	0.00	0.00	0.00	100.00
演唱会	91.35	7.69	0.96	0.00	0.00	0.00	0.00	100.00
唱声、磁带和音乐鉴赏	24.86	8.09	12.14	12.72	9.83	13.29	19.08	100.00
乐器演奏	51.79	14.29	12.50	7.14	8.93	5.36	0.00	100.00
绘画雕刻制作	51.52	6.06	18.18	12.12	6.06	0.00	6.06	100.00
书法	53.19	12.77	10.64	14.89	4.26	2.13	2.13	100.00
绘画	59.52	9.52	14.29	7.14	7.14	0.00	2.38	100.00

续表

活动项目	一年1~4日	一年5~9日	一年10~19日	一年20~39日	一年40~99日	一年100~199日	一年200日以上	合计
剪裁	45.83	25.00	4.17	12.50	12.50	0.00	0.00	100.00
针织、刺绣	31.82	11.36	16.67	12.88	18.94	6.06	2.27	100.00
做菜肴、烹饪	13.92	5.67	8.76	8.76	17.78	14.69	30.41	100.00
兴趣阅读	13.73	12.13	13.27	13.96	14.87	12.81	19.22	100.00
象棋（网络游戏除外）	34.82	16.07	13.39	11.61	11.61	7.14	5.36	100.00
军棋（网络游戏除外）	46.15	11.54	15.38	15.38	3.85	7.69	0.00	100.00
围棋（网络游戏除外）	50.00	23.33	6.67	13.33	0.00	0.00	6.67	100.00
跳棋（网络游戏除外）	53.09	19.75	12.35	3.70	7.41	2.47	1.23	100.00
麻将（网络游戏除外）	36.04	17.21	19.81	11.04	8.77	4.87	2.27	100.00
打扑克（网络游戏除外）	29.87	19.75	18.99	15.19	10.38	3.29	2.53	100.00
电子游戏（含电脑、网络游戏）	10.81	6.76	11.49	13.29	20.95	13.51	23.20	100.00
网络消遣（网络游戏除外）	9.27	3.09	6.73	8.00	14.36	16.91	41.64	100.00
其他	35.05	31.96	13.40	8.25	6.19	1.03	4.12	100.00

结果表明：在所统计的25项活动中有12项活动的参与者半数以上分布在“一年1~4日”这个最低的参与频段中，其中占比最高的是演唱会，“一年1~4日”的参与者占91.35%，接下来是音乐会（87.64%）、舞蹈鉴

赏（86.40%）、体育观览（79.76%）、美术鉴赏（75%）、戏剧鉴赏（67.50%）、绘画（59.52%）、书法（53.19%）、跳棋（53.09%）、乐器演奏（51.79%）、绘画雕刻制作（51.52%）和围棋（50%）。12项活动绝大部分是怡情养身类休闲活动，结合前面的分析来看，这些活动不仅总的参与率低下，而且即便是参加过，其参与也主要分布在低频段，这一结果说明人们对于这些活动的参与实际上是非常偶然的行为，不是周期性的、有计划的安排，没有固化为自身的生活习惯。

与前面12项活动形成鲜明对比的是有5项活动在高频段即“一年40日以上”的参与者人数占比有突出表现，5项活动分别为网络消遣、烹饪、电子游戏、兴趣阅读和唱声、磁带和音乐鉴赏，它们在“一年40～99日”、“一年100～199日”和“一年200日以上”三个高频段的参与者占比之和分别为72.91%、62.89%、57.66%、46.91%和42.20%，其中前四项活动在最高频段“一年200日以上”的参与者人数占比均是七个频段中最高的，该频段参与者人数比例分别为41.64%、30.41%、23.20%和19.22%。结合前面的总参与率统计结果，可以看出这些活动不仅参与人数多，而且参与者频繁参与这些活动，特别是网络消遣一年参与次数在200日以上的人数占比竟然高达41.64%，也就是说这部分人基本上每天都会上网消遣，已经成为日常生活习惯。

以上分析结果进一步说明北京市居民休闲生活中怡情养身类活动参与的人少、而消遣娱乐性活动的参与人数多且参与频率高，整体来讲休闲需求层次处于较低的层级上。

6.3　怡情、娱乐休闲活动参与情况影响因素分析

通过前面的分析，我们已经了解到北京市居民对兴趣、娱乐类休闲活动参与状况的总体特征，研究的是总体人群的共性特征。但是不同的

个体在这方面的休闲需求是有差异的，这种差异性又体现在哪些方面？换句话讲，不同背景、不同类别的人群在怡情、娱乐类休闲需求方面是否存在差异，差异是如何的？为回答这些问题，下面将再次采用 logistic 回归分析来研究休闲时间、个人属性特征和社会经济条件（如性别、年龄、文化程度和收入）等因素对居民怡情、娱乐休闲活动参与的影响。

6.3.1 分析模型及数据来源

在“在过去的一年中您是否参与这项活动?”，问题属于二分定性变量，数据编码形式为：1 = “参加”，0 = “不参加”。以此变量为因变量，采用 logistic 回归模型，分析休闲时间、性别、年龄、受教育程度和收入共 5 个因素对人们参与各项兴趣、娱乐类休闲活动的影响。

模型方程如下：

$$\ln\frac{p_i}{1-p_i} = \beta_0 + \beta_1 leisuretime_i + \beta_2 gender_i + \beta_3 age_i + \beta_4 education_i + \beta_5 income_i$$

其中，p_i 被访者参与某项怡情、娱乐类休闲活动 i 的概率；β_i 待估回归系数；自变量包括休闲时间（leisuretime）、年龄（age）、性别（gender）、受教育程度（education）和家庭年收入（income）共 5 个变量。变量取值和编码方式同第 5 章相同，在此不再赘述。

模型分析数据来源仍然使用 2011 年北京调查中有关怡情、娱乐休闲活动参与的相关数据，进行实证分析。

6.3.2 模型参数估计及检验

运用 SPSS 19.0 进行二项 logistic 回归分析，5 个自变量按照“条件参数估计原则”（Forward：Conditional）输入模型。估计结果见表 6 – 4。

表 6－4　　怡情、娱乐类休闲活动参与的 logistic 回归估计结果

活动项目	自变量	B	Wald	Sig.	Exp（B）	χ^2	Sig.	预测正确率（%）
体育观览	age	－0.033	12.044	0.001	0.967	37.004	0.000	92.41
	gender	1.168	22.903	0.000	3.216			
	β_0	－1.940	27.603	0.000	0.144			
电影鉴赏	age	－0.037	37.632	0.000	0.964	227.823	0.000	70.61
	income	0.107	12.513	0.000	1.113			
美术鉴赏	education		21.817	0.003		31.972	0.000	93.13
	education（1）	－2.110	5.820	0.016	0.121			
	education（3）	－4.127	11.295	0.001	0.016			
	education（4）	－2.485	10.220	0.001	0.083			
	education（5）	－1.633	5.110	0.024	0.195			
戏剧鉴赏	income	0.180	6.523	0.011	1.197	25.728	0.001	92.77
音乐会	education		20.940	0.004		31.269	0.000	91.95
	education（3）	－2.157	5.162	0.023	0.116			
	education（4）	－1.925	4.962	0.026	0.146			
演唱会	age	－0.042	19.877	0.000	0.959	48.502	0.000	90.60
	income	0.324	18.697	0.000	1.383			
	β_0	－3.970	24.811	0.000	0.019			
唱声、磁带和音乐鉴赏	age	－0.027	17.601	0.000	0.973	19.334	0.000	84.36
	β_0	－0.688	8.140	0.004	0.503			
乐器演奏	education		25.808	0.001		31.650	0.000	94.94
	education（1）	－2.883	10.412	0.001	0.056			
	education（3）	－3.896	15.841	0.000	0.020			
	education（4）	－3.669	20.577	0.000	0.026			
	education（5）	－2.401	12.052	0.001	0.091			
	education（6）	－2.079	5.964	0.015	0.125			
绘画雕刻制作	age	－0.042	6.868	0.009	0.959	8.339	0.004	97.02
	β_0	－2.040	14.648	0.000	0.130			

续表

活动项目	自变量	B	Wald	Sig.	Exp（B）	χ^2	Sig.	预测正确率（%）
书法	gender	1.095	11.781	0.001	2.990	12.786	0.000	95.75
	β_0	-3.718	202.487	0.000	0.024			
绘画	age	-0.088	19.266	0.000	0.916	31.520	0.000	96.20
剪裁	gender	-2.181	8.606	0.003	0.113	31.353	0.000	97.83
针织、刺绣	gender	-2.650	51.209	0.000	0.071	101.393	0.000	88.07
	β_0	-1.412	198.842	0.000	0.244			
做菜肴、烹饪	gender	-0.360	7.775	0.005	0.698	7.858	0.005	64.92
	β_0	-0.466	32.619	0.000	0.627			
兴趣阅读	education		70.735	0.000		107.441	0.000	62.75
	education（3）	-2.911	12.064	0.001	0.054			
	education（4）	-2.100	6.663	0.010	0.122			
	education（7）	-2.700	7.658	0.006	0.067			
象棋	leisuretime	0.019	7.273	0.007	1.019	92.077	0.000	90.05
	gender	1.867	54.285	0.000	6.472			
跳棋	age	-0.026	8.035	0.005	0.974	8.882	0.003	92.68
	β_0	-1.596	22.696	0.000	0.203			
麻将	age	0.013	7.445	0.006	1.014	27.718	0.000	71.70
	income	0.074	5.939	0.015	1.076			
	leisuretime	0.010	4.195	0.041	1.010			
	gender	0.279	4.161	0.041	1.321			
	β_0	-2.562	48.935	0.000	0.077			
打扑克	age	-0.019	17.209	0.000	0.981	38.725	0.000	63.74
	gender	0.602	22.036	0.000	1.826			
电子游戏	age	-0.072	152.560	0.000	0.930	239.282	0.000	69.89
	gender	1.036	53.940	0.000	2.817			
	β_0	1.768	70.961	0.000	5.858			

续表

活动项目	自变量	B	Wald	Sig.	Exp（B）	χ^2	Sig.	预测正确率（%）
网络消遣	age	-0.053	73.872	0.000	0.948	266.029	0.000	71.52
	education		42.306	0.000				
	education（1）	1.418	3.866	0.049	4.128			
	education（5）	1.695	6.098	0.014	5.449			
	education（6）	2.048	7.250	0.007	7.752			

表 6－4 仅显示除了“其他”项活动以外的、估计模型整体拟合优度和参数估计均显著的怡情、娱乐类休闲活动的估计结果。可见，在 0.05 的显著性水平下，有 21 项活动的模型卡方值具有统计意义，其中 13 项活动的模型回测正确率高于 90%，最低回测率 63.74%，可见模型的整体拟合优度较高，模型对调查数据的解释力较好。从回归参数来看，每个自变量在不同活动上的显著性存在差异，说明自变量代表的这些因素对不同的活动影响不同。

为了更好地说明问题，将表 6－4 的回归系数估计值和相应的影响效益值按照自变量进行重新归类，得到表 6－5 和表 6－6，并据此对模型估计结果进行进一步解释。

表 6－5　各种因素对兴趣、娱乐类休闲活动参与影响的 logistic 回归系数及影响效应值

影响因素	活动项目	B	Exp(B)
年龄	体育观览	-0.033	0.967
	电影鉴赏	-0.037	0.964
	演唱会	-0.042	0.959
	唱声、磁带、音乐会鉴赏	-0.027	0.973
	绘画雕刻制作	-0.042	0.959
	绘画	-0.088	0.916

续表

影响因素	活动项目	B	Exp(B)
年龄	跳棋	-0.026	0.974
	打扑克	-0.019	0.981
	电子游戏	-0.072	0.93
	网络消遣	-0.053	0.948
	麻将	0.013	1.014
性别	体育观览	1.168	3.216
	书法	1.095	2.99
	象棋	1.867	6.472
	麻将	0.279	1.321
	打扑克	0.602	1.826
	电子游戏	1.036	2.817
	剪裁	-2.181	0.113
	针织、刺绣	-2.65	0.071
	做菜肴、烹饪	-0.36	0.698
休闲时间	象棋	0.019	1.019
	麻将	0.01	1.01
家庭年收入	体育观览	0.107	1.113
	戏剧鉴赏	0.18	1.197
	演唱会	0.324	1.383
	麻将	0.074	1.076
education（1）	美术鉴赏	-2.11	0.121
education（3）		-4.127	0.016
education（4）		-2.485	0.083
education（5）		-1.633	0.195
education（3）	兴趣阅读	-2.911	0.054
education（4）		-2.1	0.122
education（7）		-2.7	0.067

续表

影响因素	活动项目	B	Exp(B)
education（1）	网络消遣	1.418	4.128
education（5）		1.695	5.449
education（6）		2.048	7.752
education（3）	音乐会	-2.157	0.116
education（4）		-1.925	0.146
education（1）	乐器演奏	-2.883	0.056
education（3）		-3.896	0.02
education（4）		-3.669	0.026
education（5）		-2.401	0.091
education（6）		-2.079	0.125

注：education（1）在校大学生，education（2）已毕业小学，education（3）已毕业初中，education（4）已毕业高中，education（5）已毕业大学，education（6）已毕业研究生，education（7）未上过学或者其他，参照类为“在校中学生”。

6.3.3　结果解释

（1）年龄的负向影响效应显著，年轻人的休闲生活相对更丰富。回归分析结果表明：在 0.05 的显著性水平下，11 项怡情、娱乐休闲活动在年龄上的回归系数是显著的，表明年龄对这些活动的参与是有影响效应的。其中，麻将一项的回归系数是正值 0.013，表明年龄对于该项活动存在正向影响，也即年龄越大参与该项活动的可能性越大，发生比率值为 1.014，说明平均说来年龄增加一个单位参与麻将活动的发生比将增加到原来的 1.014 倍。除此之外，体育观览、电影鉴赏、演唱会、唱声磁带音乐会鉴赏、绘画雕刻制作、绘画、跳棋、打扑克、电子游戏和网络消遣 10 项活动的回归系数均为负值，说明年龄对于这些活动的参与具有负向影响效应，年龄越大参与的可能性越小，其中尤以绘画、电子游戏和网络消遣的影响程度最大，三者的回归系数分别是 0.088、0.072 和 0.053，发生比率分别为 0.916、0.930 和 0.948，也就是说年轻人参与这些活动的可能性更大，随着年龄的增加参与该类活动的可能性在降低。由此可见，相对于年长的人，年轻人的休闲生活更加丰富一些。

（2）男女有别，活动具有明显的性别倾向。共有9项活动在性别上的回归系数具有显著的统计意义，表明性别对这些活动的参与具有影响，或者在参与这些活动的可能性上是有性别差别的。其中，体育观览、书法、象棋、麻将、打扑克、电子游戏6项活动的回归系数大于0，说明男性参加这些休闲活动的可能性比女性的大，其中尤以象棋的系数最大为1.867，其参与发生比率为6.472，表明男性参与象棋活动的发生比是女性的6.472倍。其余3项活动包括剪裁、针织刺绣、做菜烹饪的回归系数小于0，表明女性参与这些活动的可能性更大，其中尤以针织刺绣的系数值最小为-2.650，发生比率为0.071，也即男性参与针织刺绣活动的发生比仅是女性发生比的0.071倍。可见相对于前6项活动，后3项活动具有明显的女性气质属性，这一分析结果和人们对这些活动的传统认知是一致的。

（3）休闲时间对于绝大多数体育休闲活动参与概率的变动不具有解释力，只有在象棋和麻将2项活动的回归系数是显著的，分别为0.019和0.010，表明随着休闲时间的增加，参与这2项活动的可能性会增加，但影响效应不大，时间增加一个单位（10分钟），参与发生比将增加到原来的1.011倍和1.010倍。这一结果又一次说明，休闲时间虽然是从事休闲活动的必要条件，但并非充分条件，也就是说即便有休闲时间也不一定会参与广泛的兴趣或者娱乐活动。

（4）家庭年收入对于体育观览、戏剧鉴赏、演唱会和麻将4项活动具有显著正向影响效应。4项活动在家庭年收入的回归系数分别为0.107、0.180、0.324和0.074，发生比率分别为1.113、1.197、1.383和1.076。说明随着收入的增加，人们参与这4项活动的可能性会增大，具体来说收入提高一个档位（模型中的收入为顺序变量，并非连续变量），参与活动的发生比就会是原来发生比的1.113倍、1.197倍、1.383倍和1.076倍，其中以对演唱会的影响最为明显，发生比比原来增加了0.383

倍。无论是现场观看体育比赛、此剧表演，还是参加演唱会或者打麻将，都需要相应的货币支付，用于支付门票及外出其他相关费用，麻将往往带有一定的赌博性质，也需要一定的资金支持，所以这 4 项活动受收入水平的影响较大。

（5）受教育程度对参与怡情、娱乐类活动的影响。模型中的受教育程度是一个有 8 种取值情况的虚拟变量，分析时选择“在校中学生”作为参照对象。模型估计结果表明，该变量在美术鉴赏、兴趣阅读、音乐会、乐器演奏和网络消遣 5 项活动中的影响是显著的。其中前 4 项活动的回归系数小于 0，说明对于这 4 项活动而言，相对在校中学生，其余不同受教育程度的人参与活动的可能性在下降；而在网络消遣上的回归系数大于 0，说明相对于在校中学生，回归系数呈显著的对应文化程度人群进行网络消遣的发生比更高。但不同受教育程度人群在不同活动上的具体体现又是有区别的，具体分析如下：

美术鉴赏活动中，和在校中学生相比，在校大学生和最终学历为初中、高中和大学的人参加该项活动的发生比明显下降，Exp（B）值分别为 0. 121、0. 016、0. 083 和 0. 195，表明这些人参与美术鉴赏活动的发生比分别是在校中学生发生比的 0. 121 倍、0. 016 倍、0. 083 倍和 0. 195 倍。四者相比，上过大学的人发生比是最高的，其次是在校大学生、然后依次是高中和初中生。可见，文化程度越高参与美术鉴赏活动的发生比越高。

兴趣阅读活动中，和在校生相比，初中、高中文化程度和未上过学的人参与兴趣阅读活动的发生比存在显著差异。在其他条件不变的情况下，三者参与活动的发生比分别是在校中学生发生比的 0. 054 倍、0. 122 倍和 0. 067 倍，而无论是在校大学生还是已经毕业的大学生们，在参与兴趣阅读的发生比上和在校中学生并没有显著差别。可见兴趣阅读在校园里或者受过大学教育的人群中，是比较受欢迎的休闲活动。

音乐会活动中，和在校中学生相比，只有初中和高中文化程度的人在参与音乐会活动上存在显著差别，两者的参与发生比分别是在校中学生发生比的 0. 116 倍和 0. 146 倍，而其他文化程度的人并没有显著区别。

乐器演奏活动中，在校大学生、最终学历为初中、高中、大学和研究生的人群的参与发生比和在校中学生相比，存在显著差异，回归系数全部小于0，说明和在校中学生相比，他们参与乐器演奏的发生比在下降。五者相比，按照发生比率由高到低的顺序依次为最终学历为研究生0.125、最终学历为大学0.091、在校大学生0.056、最终学历高中0.026和最终学历初中0.020。可见，受教育程度越高的人参与乐器演奏活动的发生比越高。

网络消遣活动中，和在校中学生相比，在校大学生和最终学历为大学和研究生的人群参与比明显上升，回归系数分别为1.418、1.695和2.048，三者的发生比分别是在校初中生发生比的4.128倍、5.449倍和7.752倍。充分说明文化程度越高参与网络消遣的可能性越大，也从另一方面说明互联网人群的受教育程度相对较高。

第7章　旅游休闲需求统计分析

随着旅游业的发展和其在国民经济中地位的不断提高，20世纪90年代以来对于旅游的关注一直是国内学术界的重要研究主题。目前已有的研究主要是从经济和产业发展的视角，研究旅游业的发展变化趋势、资源特点及配置规划等方面存在的问题和应对策略等。也就是说，主要是从供给和宏观视角来进行旅游相关研究。从个体微观需求视角对旅游进行研究的成果较少，已有相关成果主要是关于旅游目的地游客满意度方面的研究，鲜有对人们旅游休闲需求的定量研究。造成这一局面的主要原因是，相对于旅游收入、旅游设施数量等宏观指标而言，要获得大量微观个体关于旅游方面的需求信息难度较大。但是，旅游作为休闲方式，不同于大多数体育休闲、娱乐休闲活动的随意性、经济性和日常性，旅游活动有着更强的计划性、更高的经济支付需求和非常态性，也就是说旅游总是要进行相应的日程规划，总是伴有经济支出，旅游不可能像散步、下棋成为日常生活的常规活动。也正因为如此，旅游成为一种被重点关注的休闲方式，甚至有人直接把休闲等同于旅游。关注人们的旅游休闲需求，了解旅游休闲需求的特点和影响制约因素，对于更好地满足人们的休闲需求和发展旅游业，具有重要的现实意义。时间利用调查中关于个体旅游需求信息的收集为从微观视角研究旅游休闲需求提供了现实依据，本章将根据2011年北京市居民生活时间利用调查相关信息开展居民旅游休闲需求研究。

7.1　旅游参与率统计

2011年，北京调查中关于旅游休闲活动参与的调查见表7-1。活动

表 7-1　　北京市居民休闲生活调查问卷（游玩、旅行部分）

项目				这一年去过否		这一年去过几次								在哪里住的							
				1	2	1	2	3	4	5	6	7	8	1	2	3	4	5	6	7	8
				没有	去过	1次	2次	3次	4次	5次	6~7次	8~9次	10次以上	饭店	旅馆	招待所	个体旅社	本单位设施	朋友家	别墅	其他（具体填入）
1. 游玩				1	2	1	2	3	4	5	6	7	8								
2. 旅行	国内	（1）观光旅行	①家庭旅行	1	2	1	2	3	4	5	6	7	8	1	2	3	4	5	6	7	8
			②单位组织团体旅行	1	2	1	2	3	4	5	6	7	8	1	2	3	4	5	6	7	8
			③居委会等组织的团体旅行	1	2	1	2	3	4	5	6	7	8	1	2	3	4	5	6	7	8
			④和朋友	1	2	1	2	3	4	5	6	7	8	1	2	3	4	5	6	7	8
			⑤一个人	1	2	1	2	3	4	5	6	7	8	1	2	3	4	5	6	7	8
			⑥其他（具体填入）	1	2	1	2	3	4	5	6	7	8	1	2	3	4	5	6	7	8
		（2）回老家		1	2	1	2	3	4	5	6	7	8	1	2	3	4	5	6	7	8
		（3）业务出差、研修、其他		1	2	1	2	3	4	5	6	7	8	1	2	3	4	5	6	7	8
	（1）观光旅行			1	2	1	2	3	4	5	6	7	8	1	2	3	4	5	6	7	8
	（2）业务出差、其他（具体填入）			1	2	1	2	3	4	5	6	7	8	1	2	3	4	5	6	7	8

种类包括游玩和旅行两大类，其中游玩是指半日以上当日返回（包括深夜回来）的出游活动，而旅行则是指1夜2日及以上的外出观光活动。其中旅行分为国内旅行和国外旅行2个中类，国内旅行包括观光旅行、回老家和业务出差或研修3个小类，而观光旅行具体分为家庭旅行、单位组织团体旅行、居委会组织团体旅行、和朋友旅行、一个人旅行及其他共6个细类；国外旅行包括观光旅行和业务出差或研修2个中类。调查内容主要包括3个存在递进关系的问题，即在调查日之前的一年中是否有过游玩、旅行活动，有过的话参加的频次是怎样的，具体采用1次、2次、3次、4次、5次、6~7次、8~9次、10次及以上共8个档位的设计，接下来针对需要过夜住宿的旅行活动，进一步询问关于旅行时住宿安排方面的信息，选项包括饭店、旅馆、招待所、个体旅社、本单位设施、朋友家、别墅和其他共8个类别。

根据调查数据，得到关于居民出游方面的统计结果，见表7-2。从表7-2中可见，在所调查的1106位居民中，参加过半日以上当日返回游玩活动的人数最多为641人，参与人数所占百分比也最高，为57.96%。国内旅行中，回老家的参与人数最多为476人，参与率为43.04%，然后依次是家庭旅行、和朋友旅行、单位组织团体旅行、业务出差或研修，参与率分别为32.37%、29.93%、27.76%和16.82%，一个人旅行、居委会组织团体游相对来讲参与率较低，仅为5.52%和2.53%。相对于国内旅行，国外旅行的参与率明显较低，其中国外观光旅行和国外业务出差或研修的参与率分别为5.33%和2.71%，这一特征在图7-1中表现得更加明显。

表7-2　　游玩、旅行样本人群参与人数和参与率统计结果

项目	调查样本参与人数（人）	参与率（%）
游玩	641	57.96
回老家	476	43.04
国内家庭旅行	358	32.37
国内和朋友旅行	331	29.93

续表

项目	调查样本参与人数（人）	参与率（%）
国内单位组织团体旅行	306	27.67
国内出差、研修、其他	186	16.82
国内一个人旅行	61	5.52
国内居委会组织团体旅行	28	2.53
国内观光	5	0.45
国外观光旅行	59	5.33
国外出差、研修、其他	30	2.71

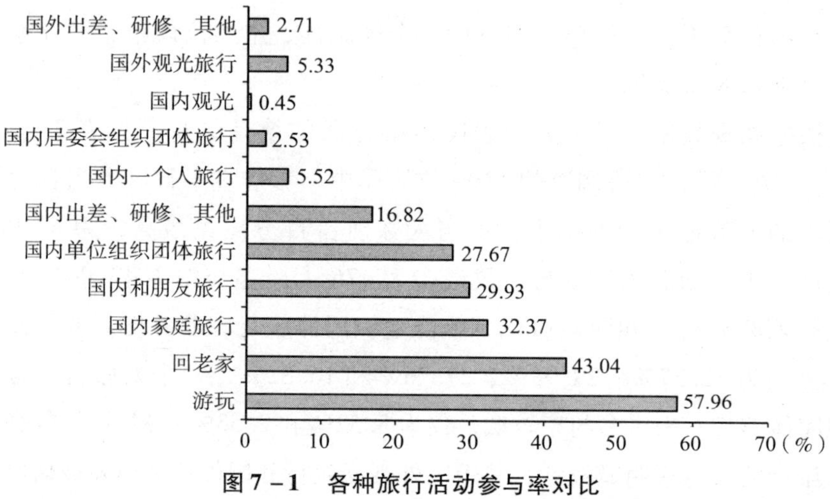

图7－1　各种旅行活动参与率对比

从以上统计结果可以看出，人们对于不需要在外过夜的短途旅行的参与率是比较高的，据此可以推测一年当中北京市有一半以上的居民会有短途出游的休闲需求，说明北京市居民对于北京周边游、近郊游的需求旺盛，旅游开发商和旅游管理部门应该加强对北京近郊旅游资源的开发，努力提升旅游服务能力和水平，以便更好地满足人们的旅游休闲需求。

伴随我国经济的发展，人才流动和人口迁徙成为改革开放特别是20世纪90年代以来中国社会变化的一大特点，越来越多的人汇入城市，越来越多的人离开故土外出谋生。北京作为全国的政治、经济和文化中心，以其独特的魅力吸引并汇聚了大量的外来人才和务工人员。这些人平时服务于城市的各行各业，工作于此生活于此，但中国人传统的亲情观念和文化根源，又会驱使他们在节假日或者其他空闲时间返回故乡做短期的居留，以便享受重温亲情、回归本土文化或者放松身心的心理需求。调查显示，在国内旅行类中“回老家”是参与率最高的一项旅行活动，成为仅次于游玩活动的参与率，该调查结果以事实数据反映出了我国城市居民这一独特的旅行方位取向特征。

相对于个人旅行而言，北京市居民的旅行活动主要以集体旅行为主，其中家庭旅行是最主要的形式、其次是和朋友旅行以及由单位组织的、和同事进行的团体旅游，也就是说在出游同伴的选择上首先是家庭成员，其次是朋友，最后是同事。而居委会组织的旅行虽然也是集体旅行，但参与率并不高，结合实际情况进行分析，一方面，居委会组织的团体游往往是针对离退休人员进行的，在业人员很少参加，另一方面，北京调查样本中离退休人员的占比较少。相对于国内旅行而言，因为出境游涉及语言、签证和经济支付能力等方面的限制，其总体参与率自然是不能和国内旅行相提并论的，但其 5.2% 的观光游参与率也是不容小觑的。就北京市目前的居民数量规模而言，以北京市 2013 年年末常住人口 2115 万人和一年仅一次出境游为例，保守估计每年至少有近 110 万居民会有出境观光旅行的需求。这里蕴含着巨大的旅游市场空间，对于旅行社的出境游业务发展、对于民航事业发展等都是非常重要的基础信息，如何应对需求提供高品质的、符合顾客出游需求的服务，是这些部门必须要面对的重要决策主题。

7.2　旅游频率分布统计

为了进一步了解游玩和各种旅行活动的参与特征，根据调查数据整理计算出各项活动的参与者在不同参与频率段的结构比例，结果见表7-3。

表7-3　　游玩和旅行活动参与次数的分布　　单位：%

	活动项目	1次	2次	3次	4次	5次	6~7次	8~9次	合计
百分比	游玩	40.56	14.51	12.48	7.64	10.30	10.61	3.90	100.00
	国内家庭旅行	43.85	29.05	15.64	4.75	2.51	3.35	0.84	100.00
	国内单位组织团体旅行	54.25	31.05	7.84	3.59	1.63	0.98	0.65	100.00
	国内居委会组织团体旅行	60.71	17.86	14.29	3.57	0.00	3.57	0.00	100.00
	国内和朋友旅行	37.46	26.89	13.90	6.95	7.85	5.14	1.81	100.00
	国内一个人旅行	45.90	26.23	14.75	3.28	3.28	3.28	3.28	100.00
	国内其他旅行	100.00	0.00	0.00	0.00	0.00	0.00	0.00	100.00
	回老家	44.12	29.20	13.03	4.83	3.78	3.15	1.89	100.00
	国内出差、研修、其他	54.30	19.89	11.83	3.76	2.69	5.38	2.15	100.00
	国外观光旅行	72.88	16.95	6.78	0.00	0.00	1.69	1.69	100.00
	国外出差、研修、其他	70.00	16.67	3.33	6.67	3.33	0.00	0.00	100.00
向上累积百分比	游玩	40.56	55.07	67.55	75.20	85.49	96.10	100.00	—
	国内家庭旅行	43.85	72.91	88.55	93.30	95.81	99.16	100.00	—
	国内单位组织团体旅行	54.25	85.29	93.14	96.73	98.37	99.35	100.00	—
	国内居委会组织团体旅行	60.71	78.57	92.86	96.43	96.43	100.00	100.00	—
	国内和朋友旅行	37.46	64.35	78.25	85.20	93.05	98.19	100.00	—
	国内一个人旅行	45.90	72.13	86.89	90.16	93.44	96.72	100.00	—
	国内其他旅行	100.00	100.00	100.00	100.00	100.00	100.00	100.00	—
	回老家	44.12	73.32	86.34	91.18	94.96	98.11	100.00	—
	国内出差、研修、其他	54.30	74.19	86.02	89.78	92.47	97.85	100.00	—
	国外观光旅行	72.88	89.83	96.61	96.61	96.61	98.31	100.00	—
	国外出差、研修、其他	70.00	86.67	90.00	96.67	100.00	100.00	100.00	—

从表7-3中可以看出，11项活动的参与人数占比随参与频次的升高基本呈递减趋势，一年中仅有一次出游经历的人数占比超过了37%。其中国外观光旅行和业务出差或研修的这一占比分别为72.88%和70.00%，

相对于国内旅行来讲，这一频段的占比要高得多。这一结果说明不仅国外旅行的总体参与率低，而且参与旅行的绝大多数人的出游次数有限，仅局限于一年一次的情形。国内旅行各种形式在“一年 1 次”的占比虽然比国外旅行的相应占比要低得多，但是在 8 个频段中，这一占比无一例外均是最高的。这些结果充分说明目前我国居民外出游玩的频次还停留在较低水平，同时也意味着旅游潜在市场空间巨大，也就意味着，一旦出游条件成熟，居民的旅游休闲需求将被极大地激发和大量释放。

从累积频率来看，11 项活动中，只有“游玩”和“与朋友国内旅行”两项活动，在“一年 3 次及以下”频次的累积百分比小于 80%，进一步说明这些旅游活动参与者的参与频率不高、参与深度不足。“游玩”和“与朋友国内旅行”的这一累积百分比分别为 67.55% 和 78.25%，相对其他旅行形式来讲，在高频段包括“一年 5 次”“一年 6～7 次”和“一年 8～9 次”的参与人数占比较高，其中“游玩”的 3 项占比分别为 10.30%、10.61% 和 3.90%，在所有 11 项出游类别中是最高的。这一结果进一步说明无须过夜的短途游不仅参与人数多，而且参与者在一年中会有多次出游，参与频率高，进一步说明北京市内及周边的近郊游市场空间巨大。“与朋友国内旅行”在以上 3 项高频段的参与者占比分别为 7.85%、5.14% 和 1.81%，三者合计占比 14.8%，而国内观光旅行的其他集体出游类别如“家庭旅行”“单位组织团体旅行”“居委会组织团体旅行”在这 3 项高频段的参与者占比之和分别为 6.7%、3.26% 和 3.57%。可见和朋友旅行的方式是高频段占比最高的集体出游类型，这也说明在集体旅行的同伴选择意愿中朋友是人们最愿意搭伴旅行的理想人选，其次是家庭成员、最后才是同事和社区邻里。

值得一提的是，独自进行的国内观光旅行，虽然在调查的 1106 位居民中只有 61 位，参与率仅为 5.52%。但是这一出游方式在“一年 5 次”“一年 6～7 次”和“一年 8～9 次”3 项高频段的参与者占比分别为 3.28%、3.28% 和 3.28%，三者合计占比 9.84%，在国内观光旅行中仅次于和“朋友一起国内旅行”。在快节奏、多元化的都市生活中，一部分人愿意摆脱日常生活的藩篱、追求更大程度的自由和自我体验，从而跟随自己的内心意愿选择独自出游，并有可能在实际出游的真实体验中进一步强化自己未来的出游方式选择倾向，也就是说那些独自出游的人会慢慢习惯独自上路并可能沉迷其中，所以会反复实施这种旅行方式，才导致了高频段占比较高的事实。这一现象在一定程度上，体现了现代人的一种回归自我甚至回归自然的情怀。

7.3 旅游参与影响因素分析

前面通过对参与率及参与分布情况的分析，了解了北京市居民在旅游休闲方面参与状况的整体情形，那么不同的居民在旅游需求方面的差异情形是如何的，仍然是一个值得探讨的问题。下面将继续采用 logistic 回归分析和 2011 年北京市时间利用调查数据资料，来研究休闲时间、个人属性特征和社会经济条件如性别、年龄、文化程度和收入等因素对居民旅游休闲活动参与的影响。所用分析模型同前文中关于体育休闲以及兴趣娱乐休闲的分析模型相仿，所不同的是因变量中的概率 p_i 替换为被访者参与各种旅游活动的概率，而模型中的自变量完全相同，分析所用软件和具体回归分析方法的选择也同前述研究，故此不再赘述。

7.3.1 模型参数估计及检验

模型参数估计结果见表 7－4。模型分析是针对旅游休闲活动列表中除了“国内其他观光旅行”活动以外的 10 项活动进行的，表 7－4 中仅显示模型整体拟合优度和参数估计均显著的活动类型。在 0.05 的显著性水平下，除了“国外业务出差或研修”活动模型整体没有通过检验之外，其余 9 项活动的模型卡方值均具有统计意义，9 项活动的最低回测率为 58.65%，可见 9 个模型的整体拟合优度较高，对调查数据的解释力较好。

从回归参数来看，每类活动通过检验的自变量不尽相同，说明不同的活动类型其影响因素是不相同的。

表 7 – 4　　　　　各种旅游活动参与的 logistic 回归估计结果

活动项目	自变量	B	Wald	Sig.	Exp（B）	χ^2	Sig.	预测正确率（%）
游玩	age	−0. 013	9. 041	0. 003	0. 987	15. 118	0. 001	58. 05
	income	0. 061	5. 828	0. 016	1. 062			
国内家庭旅行	age	0. 019	10. 368	0. 001	1. 019	56. 204	0. 000	66. 91
	income	0. 136	17. 106	0. 000	1. 145			
	education		21. 739	0. 003				
	education（1）	−2. 340	9. 238	0. 002	0. 096			
	education（2）	−1. 989	5. 304	0. 021	0. 137			
	education（3）	−2. 048	7. 491	0. 006	0. 129			
	education（4）	−1. 811	6. 273	0. 012	0. 163			
	education（5）	−1. 412	4. 058	0. 044	0. 244			
国内单位组织团体旅行	age	−0. 020	9. 594	0. 002	0. 980	78. 087	0. 000	72. 51
国内居委会组织团体旅行	age	0. 078	32. 507	0. 000	1. 081	43. 110	0. 000	97. 47
	gender	−1. 062	5. 021	0. 025	0. 346			
	β_0	−6. 931	80. 416	0. 000	0. 001			
国内和朋友旅行	age	−0. 038	32. 249	0. 000	0. 963	96. 480	0. 000	70. 07
	income	0. 085	6. 836	0. 009	1. 089			
	education		14. 350	0. 045				
	education（1）	2. 144	3. 848	0. 050	8. 535			
	β_0	−2. 192	3. 965	0. 046	0. 112			
国内一个人旅行	age	−0. 040	11. 789	0. 001	0. 961	14. 081	0. 000	94. 48
	β_0	−1. 452	13. 510	0. 000	0. 234			

续表

活动项目	自变量	B	Wald	Sig.	Exp（B）	χ^2	Sig.	预测正确率（%）
回老家	age	-0.028	23.120	0.000	0.972	64.808	0.000	59.22
	education		19.192	0.008				
	education（6）	2.150	7.370	0.007	8.582			
国内出差、研修、其他	income	0.169	10.918	0.001	1.184	153.411	0.000	83.63
	gender	0.689	15.688	0.000	1.992			
国外观光旅行	income	0.187	5.031	0.025	1.205	30.187	0.000	94.58
	education		20.915	0.004				
	education（1）	-2.046	5.544	0.019	0.129			
	education（3）	-3.579	12.234	0.000	0.028			
	education（4）	-3.092	13.888	0.000	0.045			
	education（5）	-2.361	9.628	0.002	0.094			
	β_0	-2.225	4.790	0.029	0.108			

为了更好地说明问题，将表7-4的回归系数估计值和相应的影响效益值按照自变量进行重新归类，得到表7-5，并据此对模型估计结果做进一步解释。回归分析结果表明原模型的5个自变量中，只有休闲时间在所有的分析模型中回归系数都不显著，又一次说明休闲时间是参与休闲活动的必要但非充分条件，休闲时间的增加并不必然导致人们对特定休闲活动参与可能性的提高，本章进行的旅游休闲活动参与便属于这种情形，对休闲时间的变化不敏感。

表7-5　各种因素对旅游休闲活动参与影响的logistic回归系数及影响效应值

影响因素	活动项目	B	Exp(B)
年龄	国内一个人旅行	-0.040	0.961
	国内和朋友旅行	-0.038	0.963
	回老家	-0.028	0.972

续表

影响因素	活动项目	B	Exp(B)
年龄	国内单位组织团体旅行	-0.020	0.980
	游玩	-0.013	0.987
	国内家庭旅行	0.019	1.019
	国内居委会组织团体旅行	0.078	1.081
家庭年收入	游玩	0.061	1.062
	国内和朋友旅行	0.085	1.089
	国内家庭旅行	0.136	1.145
	国内出差、研修其他	0.169	1.184
	国外观光旅行	0.187	1.205
性别	国内居委会组织旅行	-1.062	0.346
	国内出差、研修其他	0.689	1.992
education	国内家庭旅行		
education（1）		-2.340	0.096
education（3）		-2.048	0.129
education（2）		-1.989	0.137
education（4）		-1.811	0.163
education（5）		-1.412	0.244
education	国内和朋友旅行		
education（1）		2.144	8.535
education	回老家		
education（6）		2.150	8.582
education	国外观光旅行		
education（3）		-3.579	0.028
education（4）		-3.092	0.045
education（5）		-2.361	0.094
education（1）		-2.046	0.129

注：education（1）在校大学生，education（2）已毕业小学，education（3）已毕业初中，education（4）已毕业高中，education（5）已毕业大学，education（6）已毕业研究生，education（7）未上过学或者其他，参照类为“在校中学生”。

7.3.2 结果解释

7.3.2.1 年龄对于旅游休闲活动参与的影响

表7-5显示，年龄在一个人旅行、和朋友旅行、回老家、单位组织旅行以及游玩5项活动的回归系数为负值，说明对于这5项活动的参与来讲，越是年轻参与的可能性就越高，相反随着年龄的增加，参与可能性在下降。年龄每增加一岁，平均说来5项活动的参与发生比分别是原来的0.961倍、0.963倍、0.972倍、0.980倍和0.987倍，其中对个人独自旅行的影响效应最大，可见随着年龄的增大，人们选择独自出游的可能性在下降。年龄对国内家庭旅行和居委会组织的团体旅行的回归系数为正值，分别为0.019和0.078，表明年龄大的人参与家庭旅行和居委会组织的团体旅行的可能性更大，年龄每增加一岁参与发生比平均来说是原来的1.019倍和1.081倍。从现实的情况来看，年龄大的人更愿意和家人一起共享美好时光，而居委会组织的旅游活动正如前文所指主要是针对离退休人员和老年居民进行的，所以年长的人参与活动的可能性更大。

7.3.2.2 男、女在旅游活动参与上的差别

从表7-5可见，性别只在居委会组织旅行和国内出差研修2项活动上是显著的，回归系数分别为-1.062和0.689。可见，居委会组织的团体旅行更吸引女性的参与，男性参与该项旅行的发生比平均来说仅为女性的0.346倍。从现实情况来看，这类团体旅行往往是通过旅行社组团进行的，以上统计结果反映的现象对于旅行社以及旅游地接待部门（如旅馆、旅游目的地等部门）来讲，是一个值得引起重视的决策影响因素，如何更好地满足女性特别是女性老年人的出游需求，是个值得研究的话题。性别在国内业务出差或研修活动的回归系数大于0，说明男性参与这类旅行活动的可能性要比女性大，参与旅行的发生比平均来说是女性的1.992倍。从实际情况来看，由于女性生理特性及在传统社会

及家庭分工中的不同，一般来讲单位外派员工出差或者参加研修等活动时，倾向于优先派出男性员工，所以总体来讲男性参与该类旅行活动的可能性大于女性。

7.3.2.3　收入对于旅游活动参与具有正向影响效应

回归分析表明，家庭年收入在游玩、和朋友国内旅行、家庭国内旅行、国内出差研修和国外观光旅行5项出游活动上的回归系数是显著的、且均为正值，说明家庭年收入是参与这5项活动的正向影响因素，收入越高参与的可能性越大，收入每上升一个档位，参与活动的发生比就分别上升到原来的1.062倍、1.089倍、1.145倍、1.184倍和1.205倍，其中对国外观光旅行的影响效益最大，对游玩的影响效应在5项活动中最小。

正如前文所讲，旅游总是不可避免要发生货币支出，但不同的出游活动其成本代价或者必要的经济支出是有区别的。理论上来讲，游玩由于距离近、时间短，所发生的经济支出也相对较少；个人出游比单位组织的团体游成本要高，因为单位组织的旅游往往是单位给予职工的一种福利形式，组织单位要么支付全部费用、要么支付部分费用，所以个人的必要开销相对较少；相对国内旅游，赴境外的观光旅行成本更高，受距离、手续办理、交通工具、汇率等多因素的影响，出境旅游需要更多的经济支撑。2011年北京市居民时间利用调查中曾设计过关于旅游消费金额方面的问题，调查数据的统计结果见表7-6。从表7-6中可见，游玩的人均消费金额为1735.37元，属于花费较少的活动；国内观光旅行活动中，单位组织的团体旅行和居委会组织的团体旅行人均消费金额是比较少的两类，前文讲过居委会组织的旅游活动参与人大多为老年女性，这部分人群受我国过去特殊国情的影响往往属于比较节约的一类人，他们的出游往往也是选择消费支出不高的方式，消费低也是可以理解的。和国内游相比，国外旅行的费用明显增高，其中国外观光游的个人平均消费额为14266.27元，而出国出差或进修的消费高达29358.96万元。

表7-6 一年中各类旅游休闲活动的平均消费支出

活动项目	回答人数（人）	平均花费（元）
游玩	479	1735.37
国内家庭旅行	328	6156.15
国内单位组织团体旅行	145	1659.79
国内居委会组织团体旅行	23	1220.43
国内和朋友旅行	311	2279.01
国内一个人旅行	58	2773.28
国内回老家	382	3491.26
国内出差、研究、其他	126	10547.76
国外观光旅行	51	14266.27
国外出差、研究、其他	23	29358.96

尽管由于问题本身的敏感性和靠回忆来回答过去一年的旅游花费的现实难度等原因，导致该问题的调查数据缺失值较多，数据的分析价值受到影响，但从表7-6的统计结果来看，还是能证实以上理论判断的。

旅游活动的这一货币支付特性决定了收入水平必然是活动参与的重要影响因素，其中游玩活动因其距离短、时间短、花费不大的特点，受收入水平的影响较小；而境外观光旅游因为成本高，经济支付压力大，因此受家庭收入水平的影响较大。

7.3.2.4 受教育程度对旅游休闲活动参与的影响

回归分析表明，受教育程度在国内家庭旅行、国外观光旅行、国内和朋友旅行以及回老家四类活动的回归估计中是显著的，说明这四类活动的参与会受到受教育程度的影响，但受教育程度对于四类活动的影响是有差异的，具体分析如下：

国内家庭旅行参与中，相对于参照类“在校中学生”，各类别的回归系数均为负值，说明相对于在校中学生而言，这些类别所代表的人群参与国内家庭旅行的可能性要小一些，其中尤以在校大学生为最，回归系数为-2.340，参与活动的发生比仅为中学生的0.096倍。结合实际来看，在校中学生基本上属于未成年人，在出游活动中最有可能的就是随家人出游，所以参加家庭旅行的可能性最大。而对于大学生来讲，离开家人进入大学，能和一群年龄相仿、志趣相投的同学一起生活，家庭出游的吸引力锐减对他们来讲是非常普遍和正常的情况。

国外观光旅行参与中，具有初中文化程度、高中文化程度、大学文化程度以及在校大学生的回归系数分别为 -3.579、-3.092、-2.361和-2.046，说明相对于参照类“在校中学生”，这四类人群出国旅游的可能性在下降，参与出国游的发生比分别是“在校中学生”相应发生比的0.028倍、0.045倍、0.094倍和0.129倍。随着我国经济的发展和收入水平的提高，越来越多的家长希望自己的子女更大程度地开阔眼界，所以中学生海外夏令营和冬令营活动受到越来越多人的欢迎，或者利用假期亲自带领子女赴国外旅游的人也越来越多，各种途径使得中学生参加国外观光旅行活动的可能性变大。而就以上四类活动来讲，在校大学生参与国外旅行活动的可能性是最高的。究其原因，在校大学生一方面延续了中学生的某些特征，另一方面又具有了大学生活赋予他们成长过程中的特殊需求，如开阔眼界、挑战自我和实现自我的心理需求，而他们的需求往往又能赢得家长的配合和支持，从而使得大学生参与国外观光旅行的可能性相对于其他在业人群来讲，要更高一些。

与朋友国内旅行和回老家活动中，分别有一类受教育程度的回归系数是显著的，前者为在校大学生，其回归系数为2.144，后者为已毕业具有研究生文化程度的人，其回归系数为2.150。回归系数的直观含义表明，相对于在校中学生，在校大学生参与朋友国内观光活动的可能性更大，是中学生参与发生比的8.535倍；已经毕业具有了研究生文化程度的人，参与回老家旅行方式的可能性更大，是中学生发生比的8.582倍。如前所述，因大学生活与中学生活的显著不同，大学生具备了更多的自由时间和独立自主权包括对个人生活的规划和财务支配权，使得大学生和朋友去观光旅游的可能性更大。

7.4 旅行住宿情况统计

旅行是离开常住地、耗时为1夜2日及以上的外出观光活动，所以旅行过程中必然涉及住宿的问题。住宿的选择范围较大，各种设施的软硬件条件和经济成本不同。既有宽敞舒适的星级酒店，也有经济实惠的快捷性旅馆、招待所等；既可能是需要花钱的住宿，也可能是无须支付却能舒服入住的场所，如朋友家或者专门用于旅游度假的自购房如别墅等。不同的住宿选择体现了活动参与者或者消费者的不同需求。根据2011年北京市居民时间利用调查相关数据，得到各类旅行活动的住宿统计结果见表7－7。

表7－7　各种旅游活动参与中对住宿设施的选择统计　单位：%

活动项目	统计指标	饭店	旅馆	招待所	个体旅社	本单位设施	朋友家	别墅	其他	合计
国内家庭旅行	应答次数百分比	29.18	37.14	3.45	5.84	0.53	9.81	0.53	13.53	100.00
	应答人数百分比	30.73	39.11	3.63	6.15	0.56	10.34	0.56	14.25	105.31
国内单位组织团体旅行	应答次数百分比	38.19	39.48	1.94	5.18	2.27	0.32	0.00	12.62	100.00
	应答人数百分比	38.56	39.87	1.96	5.23	2.29	0.33	0.00	12.75	100.98
国内业务出差、研修、其他	应答次数百分比	38.14	36.08	5.67	0.52	7.73	0.52	0.00	11.34	100.00
	应答人数百分比	39.78	37.63	5.91	0.54	8.06	0.54	0.00	11.83	104.30
国内居委会组织团体旅行	应答次数百分比	17.86	28.57	7.14	7.14	3.57	0.00	0.00	35.71	100.00
	应答人数百分比	17.86	28.57	7.14	7.14	3.57	0.00	0.00	35.71	100.00
国内和朋友旅行	应答次数百分比	16.71	35.93	2.23	9.75	0.00	17.55	0.28	17.55	100.00
	应答人数百分比	18.13	38.97	2.42	10.57	0.00	19.03	0.30	19.03	108.46
国内独自旅行	应答次数百分比	12.70	30.16	3.17	3.17	1.59	28.57	0.00	20.63	100.00
	应答人数百分比	13.11	31.15	3.28	3.28	1.64	29.51	0.00	21.31	103.28

续表

活动项目	统计指标	饭店	旅馆	招待所	个体旅社	本单位设施	朋友家	别墅	其他	合计
回老家	应答次数百分比	0.63	1.26	0.00	0.42	1.05	14.23	0.00	82.43	100.00
	应答人数百分比	0.63	1.26	0.00	0.42	1.05	14.29	0.00	82.77	100.42
国外观光旅行	应答次数百分比	52.54	15.25	3.39	1.69	1.69	8.47	0.00	16.95	100.00
	应答人数百分比	52.54	15.25	3.39	1.69	1.69	8.47	0.00	16.95	100.00
国外业务出差、研修、其他	应答次数百分比	60.00	16.67	3.33	0.00	3.33	3.33	0.00	13.33	100.00
	应答人数百分比	60.00	16.67	3.33	0.00	3.33	3.33	0.00	13.33	100.00

由于有关问题的设计采用了不限定选项的多选题形式，选项包括饭店、旅馆、招待所、个体旅社、本单位设施、朋友家、别墅和其他共8个类别。所以调查数据的编码采用多重二分的方法，即把每一个选项定义为一个变量，变量值的设定方式是：如果被访者选择了该选项，则其值为1，否则其值取0。然后将每项活动的8个变量定义为一个变量集进行分析。因为是多选题，所以计算了应答次数百分比和应答人数百分比两个指标来进行分析。但从统计结果来看，两个指标的取值相差很小，说明被访对象在填答问卷时大多只选择其中的一种选项，即以单选题的方式在作答。这一结果间接说明人们在外出旅行住宿选择上目标比较专一、具有很强的依赖性和习惯性。

从表7-7可以看出，各种旅行活动过程中的住宿选择具有明显的类别特征。其中国内家庭旅行、国内单位组织团体旅行和国内出差研修旅行三类活动过程中主要以饭店和旅馆为住宿地点，可见这类活动倾向于选择舒适、服务周到的住宿地点，对住宿的预算约束相对较小。和朋友一起旅行或者独自旅行的住宿选择中，以旅馆和朋友家为主要的栖身场所，选择在饭店住宿的人数占比仅为18.13%，预算约束相比前三类活动明显变强。回老家的旅行中，主要的住宿设施超出了问卷原本的设计选项，在“其他”设施上的应答人数百分比和应答次数百分比远远超出其他活动，分别为82.77%和82.43%。究其原因，回老家这种探亲式旅行中绝大部分是要住在亲戚家里的，在其他地方住宿的可能性有限。而国外旅行活动中主要选择饭店作为住宿地点，国外观光旅行和国外出差研修旅行在饭店一项上的应答人数百分比分别为52.54%和60.00%，远远高于其他旅行活动在饭店一项上的相应人数和应答次数百分比。对于国外旅行来讲，一则出于安全和观光便捷的考虑，人们往往会优先考虑信用等级比较高的酒店，二则出于对他国住宿设施构成和服务流程的陌生，使得人们在选择出游住宿地时受到了限制。

综上所述，人们在不同住宿设施上的选择，体现了人们针对不同旅行活动中住宿选择的不同心理需求，这些住宿需求的个性化差异对于住宿设施建设和管理决策来讲具有非常重要的价值，按需设计、按需提供服务是经济决策效应最大化的根本保证。

第 8 章 研究结论与展望

8.1 研究结论

本书从时间利用统计的视角，探索了休闲需求研究中的统计方法，具体包括休闲时间、休闲活动参与研究中的数据采集、分析和解释方法，并根据北京市相关调查数据进行了实证分析。综合前文，研究结论总结如下：

8.1.1 时间利用统计的地位和作用

（1）时间利用统计为从微观视角研究休闲需求提供了方法和数据支持。人类的一切活动都离不开时间，无论是具有责任和义务约束的社会工作、家务劳动、维系生命的生理活动，还是不受约束可以随意选择的自由活动，无一例外都是需要时间来完成的。一年 365 天、一天 24 小时对于每个人都是公平的、等长的，但是在等长的时间里每个人进行的活动、每项活动所用的时间却是千差万别的，特别是对于不具有硬性约束的自由活动时间即休闲时间更是如此，这些个体之间在自由时间利用上的差异正是人们不同休闲需求的外在表现。时间利用统计采用时间日记和休闲参与调查问卷采集、记录人们的时间利用分配状况和在休闲时间的活动参与状况，为从微观视角研究人们的休闲需求提供了独特的研究视角、方法支持和数据依据。

（2）时间利用统计发展概况。时间利用统计最早可以追溯至工业革命初期，但时间利用成为衡量个人生活质量的指标盛行于第二次世界大战以后。因为人们对大众行为的普遍关注及许多国家着手战后重建等原因，作为国民生活质量综合指标的生活时间利用调查得以极大发展，也使得休闲时间的研究真正成为一个学术领域，并逐渐成熟和发展起来，同时成为研究社会、经济和生活质量的一种方法。苏联、日本、匈牙利以及一些发展中国家先后加入这一行列。1979 年联合国统计委员会第 20 次会议有关时间利用统计工作状况报告中指出：“时间利用统计数据是在社会、人口统计和相关经济统计领域中，使用共同计量单位，获取用其他方法无法实现的有关人类活动基本描述性数据的共同资源”。在随后的几十年里，许多国家都开展了时间利用调查。在大多数发达国家，时间利用调查已经成为社会统计不可或缺的一部分，而且进行时间利用调查的国家数目仍在继续增加，1990 年至今，已经有 69 个国家开展了该项调查。时间利用研究不仅在单个国家范围内进行，也在多国之间进行跨国比较。从时间利用研究成果来看，欧洲、美国、澳大利亚等国家走在了世界前列。

（3）我国时间利用统计发展概况和存在的问题。我国的时间利用研究起步较晚，开始于 20 世纪 80 年代。有关时间利用的统计研究仍停留在较低水平，具体表现在以下几个方面：第一，时间利用调查启动较晚，数据资料积累时间短，数据资料的开放性较差。由政府部门组织的第一次大规模时间利用调查完成于 2008 年，和发达国家相比，这一时间明显滞后，缺乏长期动态可比资料。民间和学术团体组织的时间利用调查要相对多一些，也有一定的积累，但其调查的权威性又经常遭到质疑。无论是国家层面的数据还是其他机构的数据，其对外开放程度都是十分有限的，数据资料的可获得性较差。2008 年国家统计局进行的时间利用调查对外公布的仅局限于汇总数据，其他机构数据除了中国家庭追踪调查（CFPS）数据可以免费申请使用外，其余调查数据的并不对外开放，或者只能有偿使用。第二，时间利用调查的规范性欠缺，不同主题的时间利用调查数据可比性受限。第三，时间利用调查数据的开发利用不够，政策咨询效应不显著。从目前已有的研究成果来看，无论是数量还是质量，对时间利用调查数据的开发还远远不足。从研究的技术来看，绝大部分研究停留在简单的描述统计层面上，对数据的深度挖掘还有待于加强。

8.1.2　时间利用调查的特殊性

时间利用调查是进行休闲需求研究的重要基础工作。作为一项从时间维度衡量人们生活状况的调查方法，时间利用调查既有作为一般社会调查的共性，也有其区别于其他社会调查的个性和特殊性。时间利用调查的特殊性主要表现在调查工具设计、活动分类及编码和抽样设计三个方面。

（1）调查工具的特殊性。从调查工具来讲，时间利用调查主要采用时间日记、背景问卷和时间利用扩展性调查休闲生活调查问卷三种形式。其中时间日记分为全时日记和简易日记，全时日记事先并不限定活动种类，由访问对象按照时间的先后顺序报告一天24小时所进行的各项活动的时间利用以及其他关联信息。全时日记因为可以收集调查对象详尽的、精准的活动信息，可以为政策制定提供多方位的咨询答案，所以成为时间利用调查的首选日记形式。但填写全时日记会给被访对象带来较大的心理压力，所以调查周期不宜过短，通常选择至少每十年进行一次。简易日记中的活动种类是事先定义好的，访问对象只需从活动列表中选择自己正在进行的活动，报告每一项活动发生和结束的时间即可。采用简易日记在减轻访问对象负担的同时，能够在最有限的时间里获取最低水平的时间利用数据。简易日记能为特定政策制定提供咨询答案，相对全时日记，简易日记更适合研究时间利用的一般趋势。鉴于全时日记调查的周期通常较长，在两次全时日记调查之间可以进行简易日记调查，以校验相关数据并为下一次全时日记调查提供可能需要的改进。为克服季节因素对时间日记的影响和适应休闲规划决策的需要，休闲活动参与调查成为时间日记调查的有益补充，通过对人们在一年当中参与各种休闲活动情形的调查，为更加全面地衡量人们的生活时间分配状况和休闲生活状况提供了更加完备的信息依据。

（2）时间利用活动分类及编码的特殊性。建立时间利用活动分类及编码规则是时间利用统计中的一项重要基础性活动，需要统筹规划，遵循一定的原则、步骤，建立相关的规章制度，进行严格的过程控制，编制专门的文件档案等，以便保障不同时间利用调查活动的连续性和可比性。目前，世界范围内尚缺乏统一的活动分类和编码方法，其中有影响力的活动分类和编码方法有：欧盟时间利用活动分类及编码、美国时间利用调查（ATUS）活动分类及编码、澳大利亚时间利用调查活动分类及编码、联合国统计署制定的国际时间利用统计活动分类（ICATUS）及编码（试用）、联合国时间利用活动分类简表。以上时间利用调查活动分类和编码方式既有相似之处也有特别之处：欧盟、美国、澳大利亚的活动分类尽管在类别数目、排列顺序和具体代码的编制上不仅相同，但三者均采用了大类、中类和小类的三级分类体系。联合国出于本身在国际事务中的特殊地位和角色，更多地综合吸收现有主要分类体系的内容和结构关系，试图建立一个对世界各国建立自身的时间利用分类体系具有统一指导作用的分类体系，以便增强世界各国时间利用数据的可比性。我国 2008 年居民时间利用调查，是我国首次进行的全国范围内的居民时间利用调查，在活动大类的分类上采用了联合国制定的国际时间利用活动分类框架中关于经济和非经济、生产和非生产活动的分类边界，更加突出了家庭活动的有偿性和无偿性。为更加深入细致地评估我国货物和服务生产过程中的劳动投入，以及为编制住户卫星账户提供了便利条件。

（3）时间利用调查抽样设计的特殊性。时间利用调查抽样设计的特殊性在于时间维度的设定。大部分住户调查收集的是时点数据或者虽是时期数据但假定在调查期间数据的变化很小，但对于时间利用调查来讲，目标估计量不是人们在某一天或者某一周的活动情况，而是在一个更长的时间内如一年内的活动情况，而人们的活动在不同日、不同季节里却会有很大的变化。因此，时间利用调查抽样设计必须满足样本对时间代表性的要求，时间利用调查抽样设计的这一特殊性取决于其目标总体的特殊性，其目标总体是由和调查目的相关的个体人与时间（一般将一天作为基本度量单位）组成的二维网格状总体，抽样设计要考虑的是挑选一个能够代表一年 365 天由时间和人组成的样本。目标总体所具有的两维性，使得任何一维上的变动都会给时间利用抽样调查设计带来影响：一方面，调查期间由于符合调查条件的人员的进入和退出会使目标人群发生变化；另一方面，时间维度上的变化，可能导致抽样结果会出现对样本人群的重复性访问，即要调查一个被访对象在多日的情形。这些影响会给现实的访问造成比较大的困难，从而影响调查的可行性和可操作性。鉴于时间利用调查中目标总体的特殊性，实际抽样设计时应该结合调查分析目标与可操作性等方面进行综合考虑。不同的分析目的意味着不同级别的分析单元，同时也意味着需要采用不同的针对“人·时间”组合的抽样方法。如果分析单元是“人·时间”单位级，即分析目标只是为了估计总体及内部不同群体在不同活动的平均使用时间，那么可以采集被访对象一天的时间利用数据或者多日数据，如果是多日数据，分析时可以通过数据加权的方式合并进行分析。如果分析目标是个人级，即分析单元是人，而不是“人·天”组合。比如，对不同人之间时间利用影响效应的研究设计中，最好能够向被调查对象收集多天数据。如果分析单元是住户级，即把住户作为一个整体，来分析其时间利用状况以及不同住户成员之间的协作关系，则相对简单易行且具有成本效率的抽样方法就是调查所有符合年龄要求的家庭成员一天的时间利用数据，但是要考虑住户的调查负担。

8.1.3　休闲时间统计分析及应用

休闲时间是实现和满足休闲需求的重要前提和保障，对休闲时间进行统计分析是休闲需求分析的首要工作。

8.1.3.1　休闲时间统计分析指标体系、分析思路和方法

因为时间总量和人群规模直接相关，不同的群体之间不具有可比性，所以休闲时间统计分析关注的是研究对象及内部不同群体的休闲时间平均值、结构、比例等特征。休闲时间统计分析指标体系包括平均休闲时间、

参与者平均休闲时间、闲暇率、休闲活动时间占用率、时间弹性和时间贡献度共6个指标，各指标计算方法、含义及适用场合见表8-1。

表8-1　休闲时间统计分析指标体系

指标名称	计算方法	指标含义及用途
平均休闲时间	平均休闲时间 = $\dfrac{\sum 某类休闲活动所用时间(分钟)}{全部调查人数}$	全部调查对象的平均休闲时间占用量，用于反映调查对象休闲时间占用量水平
参与者平均休闲时间	参与者平均休闲时间 = $\dfrac{\sum 某类休闲活动所用时间(分钟)}{该项活动参与者人数}$	活动参与者休闲时间平均占用量，用于反映休闲时间占有量水平
闲暇率	闲暇率 = $\dfrac{平均休闲时间(分钟)}{1440(分钟)} \times 100\%$	闲暇时间占全部生活时间（24小时）的比重，反映休闲时间构成情况
休闲活动时间占用率	休闲活动时间占用率 = $\dfrac{某类休闲活动所用时间平均数(分钟)}{全部休闲活动所用时间平均数(分钟)} \times 100\%$	各种休闲活动时间在总的休闲时间中所占的比重，反映休闲时间利用情况
时间弹性	某项活动的时间弹性 = $\dfrac{休息日此项活动平均时间 - 工作日此项活动平均时间}{工作日此项活动平均时间(分钟)}$	同一活动休息日所用时间相对于工作日所用时间的增长率，反映休闲时间变化和休闲时间配置倾向
时间贡献度	某项休闲活动的时间贡献度 = $\dfrac{休闲日此项活动平均时间(分钟) - 工作日此项活动平均时间(分钟)}{休息日平均休闲时间(分钟) - 工作日平均休闲时间(分钟)} \times 60$（秒）	休闲时间每增加1分钟，用在此项休闲活动的时间平均增加多少秒。反映休闲时间变化和休闲时间配置倾向

休闲时间统计分析的目的是研究调查对象的休闲时间用量状况和休闲时间利用情况，以及内部不同组成群体在休闲时间拥有量和休闲时间利用

中的差异情形及影响因素，所以统计分析一般遵循先一般性后差异性分析的逻辑顺序。从统计方法来看，一般性分析主要采用基于以上指标体系的描述统计分析，而差异性分析可以使用交叉列联、方差分析，基于休闲时间采用的是连续变量的定距测度，所以可以采用回归分析进行因果分析。

8.1.3.2　北京市居民休闲时间实证分析结论

基于2011年北京市居民时间利用调查数据和2008年中国时间利用调查汇总数据，对北京市居民休闲时间及利用状况进行实证分析。

休闲时间拥有量统计结果表明：北京市居民周平均一日休闲时间为269.40分钟，其中工作日休闲时间206.33分钟，休息日休闲时间427.08分钟，是工作日休闲时间的2.07倍。和全国其他地区相比，北京市居民休闲时间仅相当于全国平均水平，而由非SNA生产活动所节约的时间优势被就业和相关交通活动时间的延长所抵消，最终没有带来休闲时间的延长，快节奏的生活、拥堵的交通成为阻碍人们生活质量提高和休闲需求满足的重要因素。对休闲时间进行的方差分析结果表明，性别、婚姻状况、受教育程度、年龄和工作单位性质和工作性质对休闲时间拥有量具有显著影响，具体表现为：男性休闲时间明显多于女性；不同婚姻状况人群在休闲时间拥有量上存在差异，其中未婚一族的平均休闲时间最少、而离异和丧偶的人群休闲时间最高；受教育程度越高休闲时间相对越少；休闲时间随年龄增长呈现出近似"V"形的分布形态，其中30～39岁的人群休闲时间最短；不同工作单位性质的人群在休闲时间拥有量上是有差异的，其中集体所有制员工的休闲时间最长，而合资企业员工的休闲时间最短；从工作性质来看，为自家公司工作的人拥有休闲时间最多，而没有雇人的业主休闲时间最短。

休闲时间利用方式研究表明：不管是基于全部调查对象计算的平均休闲时间分析、还是基于活动参与者计算的活动参与率、参与者平均休闲时间分析，抑或是基于时间弹性和贡献度的休闲时间变动分析，以及基于线性扩展支出系统的休闲需求分析，均表明电视和互联网在人们的休闲生活中占有重要位置，而能够体现高层次精神需求的、具有积极意义的参观博物馆等展览活动、观看影剧文体表演、阅读书刊报纸及学习、体育锻炼等休闲活动的参与率并不高，参与时间也相对较少。从休闲需求的构成来看，北京市居民现有的休闲时间资源主要用于满足基本休闲需求，特别是工作日由于休闲时间量相对较少，接近80%的时间用于基本需求。就具体的休闲活动而言，休闲需求类型还比较单一，基本休闲需求主要集中在看电视、非工作上网、休息、游园散步和其他娱乐五类活动中，而文化、艺术素养含量较高的观赏型、社交型休闲活动的需求量很低，而超额需求的主要活动类型和基本需求的主要活动类型具有很高的同构性。因此，整体来看，北京市居民的休闲参与水平或者休闲水平还停留在较低层次，人们只把休闲活动作为放松身心、愉悦身体的手段，尚未把休闲活动作为提高自身素质的途径，大部分活动尚停留在娱乐、消遣层面，公益性、文化性内涵丰富的休闲活动需求却比较低迷。

北京市居民在休闲需求上所表现出的这些特点，无论对于电视机相关产业、电视节目制作和互联网传媒业、甚至传媒管理机构，还是对政府宣传部门、教育部门及其他公共管理部门来讲，都是一个值得关注和研究的问题。电视和互联网在人们生活中的重要作用，使得数字智能电视的市场空间巨大，这必将会影响电视机制造业及其相关产业及产业链条的发展布局。如何通过技术和管理创新提高传统产业如电视机制造业和新型产业如网络相关行业的发展竞争力和适应性，如何规范、创新电视节目制作、网络平台建设和管理，如何引导媒体受众养成健康、积极的休闲生活方式，如何提升人们的艺术鉴赏力、如何进行相关公共资源的布局和管理等方面，都是值得重视和深入研究的发展命题。

8.1.4 休闲活动参与统计分析及应用

休闲需求最直接的外在体现就是休闲参与，就是人们在休闲时间里从事各类休闲活动的情形。休闲活动种类繁多，大致可以分为消遣娱乐类、怡情养身类、体育健身类、旅游观光类、社会活动类、教育发展类和消极堕落类共七大类别，每一类别体现着不同的休闲需求层级水平。本书重点关注了体育休闲需求、怡情娱乐类休闲需求以及旅游休闲需求。

要知道研究对象在不同方面的休闲需求，不仅要知道休闲的时间，还应该知道研究对象参与各类休闲活动的实际状况，包括活动参与频率、活动场合及设施使用、参与伙伴、参与的组织方式、相关消费，以及是哪些因素影响了人们的休闲需求等。时间日记从时间的维度，提供了有关调查对象在休闲时间方面的信息，但有关具体活动方式的信息是非常有限的。一方面，时间日记特别是简易日记中关于活动的分类比较粗；另一方面，时间日记通常记录的只是一年中的某一天或者某几天的活动信息，相对于一年 365 天的时距，其中一天或者某几天的休闲时间利用情况具有较大的偶然性，而且个人在某一天或者某几天的活动安排毕竟是有限的。而休闲参与调查的是关于调查对象一年中各种具体休闲活动的参与情况，有效地克服了上述时间日记存在的不足。本书以北京市居民为实证对象，根据北京市居民休闲参与调查数据，研究了北京市居民在体育休闲需求、怡情娱乐类休闲需求以及旅游休闲需求中的特点。

8.1.4.1　休闲活动参与统计内容及分析方法

休闲参与调查通常包含的调查内容，有调查对象在一年当中各类休闲活动的参与次数、休闲活动进行的场所、活动组织方式、参与活动的同伴选择、活动消费等活动关联内容。相应的分析也是围绕这些方面展开的，包括休闲活动参与频率统计、参与次数的分布特征、参与状况的影响因素分析、活动场所使用和选择倾向分析、活动中同伴选择意愿统计和社会关系分析等内容。继续采用先一般、后差异性分析的分析逻辑，分析研究对象在休闲活动参与中的整体特征和不同群体之间的差异情形。

从分析方法来看，一般性分析主要使用频数统计方法，而差异性分析中因为活动种类众多，如果继续采用传统的交叉列联分析或方差分析，将导致分析过程过于繁杂，且不易对结果进行有效的归纳和总结。鉴于是否参与活动或者活动参与次数为取值有限的离散型变量，可以采用 logistic 回归分析方法来研究不同因素对活动参与状况的影响。本书中，针对是否参与某项活动为0、1二分变量，所以采用二项logistic回归分析方法进行。

8.1.4.2 体育休闲需求统计及应用

体育休闲被誉为人类建造的极具魅力的精神家园，是一种文明、健康、科学的休闲生活方式。本书根据北京市居民休闲参与调查中体育活动参与状况调查数据，研究了北京市居民在各类体育活动的参与率、参与次数分布、活动场所使用和选择倾向、活动同伴选择意愿等方面的特征。

研究结果表明：19项体育活动中，年参与率高于10%的9项体育项目从高到低依次为散步（77.94%）、登山（42.31%）、羽毛球（34.45%）、游泳（22.88%）和乒乓球（20.25%）、篮球（13.65%）、滑雪（12.12%）、长跑（11.93%）和钓鱼（10.04%），其余10项活动的年参与率均低于10%，其中参与率最低的3项活动依次为网球（1.90%）、轻体操（1.81%）和排球（1.36%）。可见对活动技能起点比较高和习得速度比较慢或者需要较强的团队协作的活动，因为活动容易受到个人技能、环境场地等方面的限制，活动的普及性方面相对较差。

从参与者的参与次数分布来看，散步和太极在“一年参加次数为40日以上”的人数占比相对最多，属于高频活动；跳舞和轻体操在“一年10日以上40日以下”的参数者人数占比最多，归为中频活动；其余活动的主要参与次数集中在“一年9次及以下”，属于低频活动。这样的统计结果表明北京市居民的体育休闲生活比较单调，活动参与水平还比较低。散步是绝大部分市民的主要体育活动方式，其他需要技能或者场地的活动，其普及性还比较低，人们只是偶尔为之，计划性不强，还没有成为人们生活中必不可少的休闲习惯。但同时也预示着巨大的发展潜力。随着社会经济的发展和人们对自身生活质量要求的不断提高，居民的体育休闲活动参与水平必将不断提高，会对市场和政府提出更多的体育休闲需求。

logistic回归分析结果表明：休闲时间对于绝大多数体育休闲活动参与概率的变动不具有解释力。也就是说，休闲时间虽然是参与体育休闲活动的必要条件，但绝非充分条件，即并非有休闲时间就一定会参与体育休闲活动。而性别对于许多体育休闲活动的参与具有显著影响，男性在乒乓球、篮球、足球、长跑和钓鱼 5 项活动的发生比要明显高于女性，而女性在散步、健美体操、跳舞和轻体操 4 项活动的发生比要高于男性。年龄对羽毛球、篮球、足球、游泳、滑冰、滑雪、登山、长跑、健美体操 10 项活动具有负向影响效应，说明随着年龄的增加，人们参与这些活动的概率在减少。只有太极拳的系数值为正，表明年长的人参与太极拳活动的可能性大于年轻的人。由于体育活动对技能以及体能的要求不同，在参与者年龄的分布上体现出一种自然选择效应，在休闲体育活动范围和种类的选择上，体现着年轻就是资本的配置格局。受教育程度在乒乓球、羽毛球、足球、网球、游泳、长跑和健美体操共 7 项活动中的影响是显著的，对于其中绝大多数活动来讲，无论在校园里还是受过大学教育的在业人群中，都是比较受欢迎的休闲活动。家庭年收入对羽毛球、保龄球、游泳、滑雪、登山和散步 6 项活动的参与具有正向影响效应，即收入水平越高参与的可能性越大。可见收入水平的高低对于那些对场馆和活动装备要求比较高、经济支出压力比较大的活动具有显著影响效应，但散步例外。

体育休闲活动设施使用情况的统计表明：不同的体育休闲活动在场馆设施使用方面存在比较明显的类别特征，根据实证分析结果大致可以划分为四类。第一类，包括散步、太极拳、长跑、登山和轻体操五项活动，这类活动受场地约束小，参加者可以因时因地就自身的方便来选择参与，因此以不需要使用设施为主要特征。第二类，包括篮球、足球和排球，该类活动对场地的依赖性比较强，属于典型的需要场地设施进行的团体体育活动类型，就北京市而言学校设施在满足这类活动需求做出了突出贡献。第三类，包括保龄球、滑雪、游泳和滑冰四项活动，共同特点是对场地设施有依赖性和特殊性要求。该类活动的主要特点是活动主要依赖民营商业设施和国营设施来实现，如保龄球馆、滑雪场、游泳馆和滑冰场等经营场所以及由政府公共部门提供的体育场馆设施。第四类，包括乒乓球、网球、羽毛球、健美操、跳舞、其他和钓鱼等活动，这类活动的特点是在设施选择上比较分散，各种不同设施的使用占比差别较小。人们在这些活动方面的需求是通过多渠道、多途径的方式来实现的。

体育休闲活动中社交关系分析结果表明：不同的活动其活动方式不同，所研究的19项体育休闲活动在社交关系分析中体现出了五种不同的类别特征：第一类，包括羽毛球、网球、游泳、滑雪、登山、钓鱼、滑冰，同伴选择意愿以家人和朋友为主。第二类，包括篮球、足球、保龄球、乒乓球和排球，同伴选择意愿以同事和朋友为主。第三类，包括跳舞和健美体操，此类活动属于既可以与同事、朋友一起，也可以独自享受的休闲活动。第四类，只有散步一项活动，其主要特点是愿意和家人一起散步，其次是独自进行或者与朋友一起。第五类，包括长跑、轻体操和太极拳，特点是以独自进行为主。总之，不同体育休闲活动，其活动伙伴的选择意愿存在不同的倾向，体现着不同的社交关系特点。把握这些活动中的社交关系特点，对于活动组织和策划、对于如何提供更加人性化的场馆、设施和服务、对于更好地满足人们的体育休闲需求，有着不可或缺的重要意义

8.1.4.3 怡情娱乐休闲需求统计及应用

根据北京市居民休闲参与调查中有关个人兴趣和娱乐活动参与状况调查数据，研究了北京市居民对怡情、娱乐类活动的参与率、参与次数分布状况，以及参与活动的影响因素。

研究结果表明：个人怡情、娱乐活动类活动的参与率参差不齐。所研究的24项活动中，参与率从高到低依次为网络消遣（49.7%）、电影鉴赏（48.82%）、电子游戏（40.14%）、兴趣阅读（39.51%）和打扑克（35.71%）、烹饪（35.08%）、麻将（27.85%）、唱声、磁带、音乐鉴赏（15.64%）、针织、刺绣（11.93%）、象棋（10.13%）、演唱会（9.40%）、音乐会（8.05%）、体育观览（7.59%）、跳棋（7.32%）、戏剧鉴赏（7.23）、美术鉴赏（6.87%）、乐器演奏（5.06%）、书法（4.25%）、舞蹈鉴赏（3.98%）、绘画（3.80%）、绘画雕刻制作（2.98%）、围棋（2.71%）、军棋（2.35%）、剪裁（2.17%）。其中，消遣娱乐性活动参与率较高，而怡情养身、陶冶情操类活动的参与率相对较低。从参与次数的分布特征来看，网络消遣、烹饪、电子游戏、兴趣阅读和唱声、磁带和音乐鉴赏五

项活动在“一年40日以上”的高频段上参与者占比之和最多，分别为72.91%、62.89%、57.66%、46.91%和42.20%，而在“一年1~4日”上参与者占比高的活动包括演唱会（91.35%）、音乐会（87.64%）、舞蹈鉴赏（86.40%）、体育观览（79.76%）、美术鉴赏（75.00%）、戏剧鉴赏（67.50%）、绘画（59.52%）、书法（53.19%）、跳棋（53.09%）、乐器演奏（51.79%）、绘画雕刻制作（51.52%）和围棋（50%）。以上统计结果表明：北京市居民对消遣娱乐类休闲活动的参与高于怡情养性类休闲活动，对于怡情养性类活动的参与实际上是非常偶然的行为，不是周期性的、有计划的安排，没有固化为自身的生活习惯。整体来讲。目前北京市居民的休闲需求层次还比较低。

logistic回归分析表明：在0.05的显著性水平下，21项活动的模型拟合优度较高，回归系数显著，模型对调查数据的解释力较好。性别、年龄、受教育程度、家庭收入水平、休闲时间对不同的活动影响不同。其中，年龄对于绝大部分怡情、娱乐性休闲活动的参与存在负向影响效应，其中尤以对绘画、电子游戏和网络消遣的影响程度最大，就是说年轻人参与这些活动的可能性更大，随着年龄的增加参与该类活动的可能性在降低。相对于年长的人，年轻人的休闲生活更加丰富。男女有别，不同活动的性别倾向不同，其中男性参与体育观览、书法、象棋、麻将、打扑克、电子游戏6项活动的可能性大于女性，而女性参与剪裁、针织刺绣、做菜烹饪的可能性明显高于男性。家庭年收入对于体育观览、戏剧鉴赏、演唱会和麻将4项费用开销比较大的活动具有显著正向影响效应。受教育程度对参与美术鉴赏、兴趣阅读、音乐会、乐器演奏和网络消遣5项活动具有显著影响。其中前4项活动的回归系数小于0，说明相对在校中学生，其余不同受教育程度的人参与活动的可能性在下降；而在网络消遣上的回归系数大于0，说明相对于在校中学生，其他类型人群进行网络消遣的发生比更高。唯有休闲时间除了对象棋和麻将活动的参与有影响外，对于绝大多数体育休闲活动参与概率的变动不具有解释力。再一次证实休闲时间虽然是从事休闲活动的必要条件，但并非充分条件，也就是说即便有休闲时间也不一定会参与广泛的个人兴趣或者娱乐活动。

8.1.4.4 旅游休闲需求统计及应用

关注人们的旅游休闲需求，了解旅游休闲需求的特点和影响制约因素，对于更好地满足人们的休闲需求和发展旅游业，具有重要的现实意义。时间利用调查中关于个体旅游需求信息的收集为从微观视角研究旅游休闲需求提供了现实依据，本研究根据2011年北京市居民休闲参与调查中旅游相关信息，分析了北京市居民在旅游参与频率、参与次数分布、参与影响因素和旅游住宿情况等方面的特征。

研究结果表明：在所调查的1106位居民中，参加过半日以上当日返回游玩活动的参与率最高为57.96%。国内旅行中，参与率由高到低依次为回老家43.04%、家庭旅行32.37%、和朋友旅行29.93%、单位组织团体旅行27.76%、业务出差或研修16.82%，一个人旅行、居委会组织团体游相对来讲参与率较低，仅为5.52%和2.53%。相对于国内旅行，国外旅行的参与率明显较低，其中国外观光旅行和国外业务出差或者研修的参与率分别为5.33%和2.71%。从参与次数分布情况来看，参与人数占比随参与频次的升高基本呈递减趋势，一年中仅有一次出游经历的人数占比超过了37%，是各个频段中人数占比最高的一组，其中，国外旅行的占比最高，超过70.00%。是参与者累积频率来看，除了“游玩”和“与朋友国内旅行”两项活动，其余旅游形式在“一年3次及以下”频次的累积百分比均大于80%。而在高频段包括“一年5次”“一年6~7次”和“一年8~9次”的参与人数占比中，“游玩”的3项占比分别为10.30%、10.61%和3.90%，在所有11项出游类别中是最高的。

以上统计结果表明：不需要在外过夜的短途旅行是比较受欢迎的，北京市居民对于北京周边游、近郊游的需求旺盛。国内观光旅行中主要以集体旅行为主，其中家庭旅行是其中最主要的形式、其次是和朋友旅行以及由单位组织的、和同事进行的团体旅行。在人才流动和人口迁徙时代大背景下，受传统文化、亲情观念的影响，“回老家”成为一项仅次于“游玩”活动参与率的国内旅行活动，参与率高达43.04%。相对于国内旅行而言，因为出境游涉及语言、签证和经济支付能力等方面的限制，其总体参与率自然不高，但其 8.04% 的参与率也是不容小觑的，预示着巨大的市场潜在空间。

对旅游活动参与的 logistic 回归分析结果表明：除休闲时间对于所有的旅游类活动不具有显著的影响和解释力之外，其余变量对于旅游活动的参与存在着不同程度的影响。年龄对一个人旅行、和朋友旅行、回老家、单位组织旅行以及游玩 5 项活动的参与存在负向影响效应；而对国内家庭旅行和居委会组织的团体旅行具有正向影响效应。男女有别仅体现在居委会组织的团体旅行和国内出差研修旅行 2 项活动上，居委会组织的团体旅行参与者更多的是老年女性，而国内出差研修多以男性为主。家庭年收入对游玩、和朋友国内旅行、家庭国内旅行、国内出差研修和国外观光旅行 5 项出游活动上的参与具有正向影响效应，收入越高参与的可能性越大，其中对国外观光旅行的影响效益最大，对游玩的影响效应最小。受教育程度对国内家庭旅行、国外观光旅行、国内和朋友旅行以及回老家 4 项活动的具有显著影响效应，其中主要特征是在校中学生参与家庭国内旅行和国外观光旅行的可能性最大，而在校大学生和朋友旅行的可能性最大。

有关旅行住宿情况的统计结果表明：因为各项旅行活动住宿设施的选择中，应答人数百分比和相应次数的百分比十分接近，说明调查对象在选择住宿设施时比较单一，或者比较专注于其中的一种或几种类型，也就是说不同旅行形式中，人们的住宿选择存在惯性。各项旅行活动的住宿选择存在鲜明的类别特征：国内家庭旅行、国内单位组织团体旅行和国内出差研修旅行 3 项活动过程中主要以饭店和旅馆为住宿地点，倾向于选择舒适、服务周到的住宿地点，对住宿的预算约束相对较小。和朋友旅行或者独自旅行的住宿选择中，以旅馆和朋友家为主要的栖身场所，预算约束明显变强。国外观光旅行和国外出差研修旅行主要选择在饭店为住宿地点。对于国外旅行来讲，一则出于安全和观光便捷的考虑，人们往往会优先考虑信用等级比较高的酒店，二则出于对他国住宿设施构成和服务流程的陌生，使得人们在选择出游住宿地时受到了限制。

8.2 研究展望

时间利用统计在我国尚处于起步阶段，无论是理论研究还是实践应用还没有得到足够的重视。本书利用时间利用统计的独特视角和方法体系，从微观视角对休闲需求进行研究，为从微观个体入手探索人们休闲需求的研究设想提供了实现途径，所做的工作不失为一种有意义的尝试和探索。但是，鉴于我国目前时间利用统计水平尚低、统计资料缺乏以及研究能力有限等原因，研究中还存在许多尚待进一步完善和解决的问题，总结如下：

（1）休闲需求的货币化度量问题。如果能够对休闲需求进行货币化度量，对于休闲价值的认定和判断将会更加具体、形象，更加具有说服力和解释力。但是，一方面休闲需求的范围过于庞杂，另一方面休闲需求的实现也并不一定完全依赖于市场，有相当一部分休闲需求是通过自给或者公共部门提供的公共服务等方式来实现的。即便是市场化的需求部分，也很难获取有关个人的休闲消费数据。本书研究所依托的北京市居民时间利用调查中，曾经尝试将个人在一年当中参与各项休闲活动的消费支出作为调查内容，从实际调查结果来看，该类问题的拒访率高、数据缺失严重，另外，数据的信效度不高，因为要求被访者依靠回忆来记录过去一年当中各项休闲活动的消费支出，这显然已经不是简单的敏感性问题设计了，而是在挑战人类的记忆能力，所以导致调查数据的信效度较低从而失去分析价值。但从理论上来讲，有关休闲消费需求的微观数据不是不能够获得的，例如，在传统的家计调查中如果将调查项目进一步细化，增加对休闲消费项目的记录，通过样本户自记账的方式，还是可以获得相关数据的。但问题是如何将普通的家计调查与休闲调查衔接起来，以保障二者的抽样设计中样本户的一致性，这里涉及调查主体是否能够一致的问题，因为传统家计调查是由政府统计部门进行的，而休闲参与调查目前在我国还没有被纳入官方统计体系，这是一个值得关注和研究的问题。

（2）休闲需求研究领域的拓展问题。本书对休闲需求外在表现即休闲活动参与状况的关注，只涉及了体育休闲活动、怡情娱乐类休闲活动和旅游休闲活动，对社交类活动如公益活动、教育类活动如休闲教育和消极堕落类活动如赌博等其他休闲活动没有展开分析，无法全面了解人们的休闲需求状况。之所以如此，一方面，因为就目前的实际情况来看，体育休闲、怡情娱乐类休闲和旅游休闲活动的参与率较高，是我国居民主要的休闲活动类型，而公益活动、休闲教育等活动的参与率还非常低，属于休闲活动中的小众部分，像赌博、吸毒等消极堕落类休闲活动更是法律明令禁止的活动，所以其参与率必定是非常有限的；另一方面，有关以上活动的数据资源缺乏，特别是有关消极堕落类休闲活动的数据采集难度大、可操行性差，无法开展有效的实证分析。但就休闲需求研究的长远前景来看，将这些类型的休闲参与纳入休闲需求研究的范围是必然的趋势。

（3）时间利用调查的规划和实施问题。时间利用调查目前已经纳入我国政府统计的调查体系，2008 年中国居民时间利用调查为我国新中国成立以来第一次大规模时间利用调查，数据资料的积累还十分有限，无法进行纵向比较分析。从调查内容上来看，只有时间日记调查，不涉及休闲参与问卷调查，限制了依据官方统计数据进行居民休闲活动参与状况研究。目前能够进行纵向比较研究的时间利用调查主要是由民间研究机构或者学术团体进行的，但基于调查成本和财力的限制，这类调查只能局限在某个地区或者某类人群，不可能开展全国范围内的大规模调查。另外，虽然部分该类调查开始时间早、进行的次数多、积累的数据资料多，但缺乏对样本的连续跟踪调查，致使纵向比较只能在平均水平进行，无法通过对调查样本个体的追踪访问进行个人层面的纵向研究。政府统计部门在进行全国大规模调查和跟踪调查中有独特的优势条件，应该尽快将休闲参与调查纳入时间利用调查的范围，并尽可能建立连续样本和样本轮换机制和规则，以保证所提供的统计信息能够满足时间利用统计应用研究的需要。

（4）时间利用调查数据的开放性问题。目前，我国关于时间利用调查数据资源的开放程度有限。2008 年中国居民时间利用调查公开发行的数据资料仅局限于汇总数据，微观个体数据并不对外开放，所以无法据此开展基于微观个体的应用研究。民间学术团体的时间利用调查数据大多属于团体内部共享数据，要么不对外开放，要么需要有偿使用。数据的开放性有限，不利于吸引更多的研究人员加入时间利用相关统计研究的队伍中，不利于形成良好的时间利用统计研究氛围，不利于提高时间利用统计研究水平。政府统计部门无论是从财力还是调查的权威性和影响力来看，都是最有条件实现时间利用调查数据的完全开放的。例如，美国的时间利用调查数据（ATUS）不仅对国民免费开放，而且对全球的用户都是免费开放的，激发了全球不同背景、不同学科的研究人员利用 ATUS 数据进行时间利用研究，而美国却可以共享研究成果。我国的时间利用统计虽然起步晚、积累少，但至少可以在数据资源的管理方法上向先进国家看齐。

参考文献

［1］于光远．论普遍有闲的社会［M］．北京：中国经济出版社，2005.

［2］王琪延．国民生活研究：北京市 PLI 计算［M］．北京：中国统计出版社，1996.

［3］王琪延．城市居民生活时间分配［M］．北京：经济科学出版社，1999.

［4］王琪延．中国人的生活时间分配［M］．北京：经济科学出版社，2000.

［5］王雅林，董鸿扬．闲暇社会学［M］．哈尔滨：黑龙江人民出版社，1992.

［6］王雅林．城市休闲——上海、天津、哈尔滨城市居民时间分配的考察［M］．北京：社会科学文献出版社，2003.

［7］高敏雪，李静萍．经济社会统计［M］．北京：中国人民大学出版社，2005.

［8］马惠娣，张景安．中国公众休闲状况调查［M］．北京：中国经济出版社，2004.

［9］柴彦威，李峥嵘，史中华．生活时间调查研究回顾与展望［J］．地理科学进展，1999（1）：70－77.

［10］王琪延．国民时间资产和闲暇活动核算研究［J］．统计研究，2000（11）：29－34.

［11］梁玥琳，张捷，章锦河，李娜．国内近十年休闲研究进展［J］．中

国地质大学学报（社会科学版），2006（5）：71－75.

［12］蔡玲，钟涨宝．居民闲暇生活研究述评［J］．华中农业大学学报（社会科学版），2008（2）：90－98.

［13］石利霖．美国时间利用调查一查到底［J］．数据，2013（2）：26－27.

［14］李振堂．休闲经济背景下我国闲暇问题研究进展［J］．经济与管理，2013（8）：84－88.

［15］蒋萍，马雪娇．大数据背景下中国时间利用调查方案的改革与完善——基于中、日、美时间利用调查方案的比较［J］．统计研究，2014（8）：73－79.

［16］王琪延，王晓辉．谈谈生活时间分配和利用统计［J］．统计研究，1988（1）：60－62.

［17］王琪延．北京市居民生活时间分配研究［J］．管理世界，1997（4）：200－205.

［18］王琪延．京城居民旅游透视［J］．北京统计，1997（7）：24－26.

［19］王琪延．京城居民闲暇与健身活动透视［J］．北京统计，1997（8）：18－20.

［20］王琪延．京城居民兴趣爱好面面观［J］．北京统计，1997（10）：22－24.

［21］王琪延．中国职工生活时间分配的国际比较［J］．中国统计，1998（6）：41－42.

［22］王琪延．国民闲暇活动核算研究［J］．成人高教学刊，2000（3）：7－10.

［23］王琪延．中国城市居民生活时间分配分析［J］．社会学研究，2000（4）：86－97.

［24］王琪延．建立生活时间分配统计学之构想［J］．统计与决策，2000（2）：8－10.

［25］袁卫，村上征胜，王琪延．北京和东京居民的时间分配比较研究［J］．中国人民大学学报，2000（3）：48－57．

［26］王琪延．国民生活时间分配指标体系研究［J］．中国人民大学学报，2000（5）：45－50．

［27］王琪延，石磊，李昕．京城网民面面观——北京市居民生活时间分配调查系列报告（之一）［J］．北京统计，2002（7）：20－38．

［28］王琪延，雷韬，石磊．解读百姓闲暇购物——北京市居民生活时间分配调查系列报告（之二）［J］．北京统计，2002（8）：25－26．

［29］王琪延，雷韬，石磊．看电视京城市民最主要的闲暇活动——北京市居民生活时间分配调查系列报告（之三）［J］．北京统计，2002（9）：19－20．

［30］王琪延，雷弢，石磊．居民上下班用时知多少——北京市居民生活时间分配调查系列报告（之四）［J］．北京统计，2002（10）：18．

［31］王琪延，雷弢，石磊．北京居民游园散步面面观——北京市居民生活时间分配调查系列报告（之五）［J］．北京统计，2002（11）：25－22．

［32］王琪延，雷弢，石磊．北京市居民有业者劳动时间有多长——生活时间分配调查系列报告（之六）［J］．北京统计，2002（12）：24．

［33］王琪延，雷弢，石磊．一日三餐用时多少——北京居民生活时间分配调查系列报告（之七）［J］．北京统计，2003（1）：36－35．

［34］王琪延，雷弢，石磊．北京市民体育锻炼扫描——北京居民生活时间分配调查系列报告（之九）［J］．北京统计，2003（4）：40－41．

［35］王琪延，雷弢，石磊．注意个人卫生防止病毒侵袭——北京居民生活时间分配调查系列报告（之十）［J］．北京统计，2003（5）：36－37．

［36］王琪延，雷弢，石磊．北京居民休闲中的文娱活动——北京居民生活时间分配调查系列报告（之十一）［J］．北京统计，2003（6）：31－32．

［37］王琪延，雷弢，石磊．从时间分配看北京市老年人的生活状况——北京居民生活时间分配调查系列报告（之十二）［J］．北京统计，2003（7）：34－35．

［38］王琪延，石磊．北京市城市居民休闲状况分析［J］．科学对社会的影响，2004（3）：48－50.

［39］王琪延．北京和东京男女生活时间差异比较研究［J］．北京社会科学，2006（2）：97－101.

［40］王琪延．北京人20年生活方式的变迁［J］．中关村，2006（11）：36－38.

［41］王琪延，李昕，石磊．北京市居民闲暇时间利用调查与研究［J］．党政干部文摘，2006（11）：43－45.

［42］王琪延，佟志伟．京城居民上网行为透析［J］．中关村，2007（3）：40－41.

［43］王琪延．京城居民的体育活动［J］．中国统计，2007（6）：23.

［44］王琪延．看电视——京城居民最主要的休闲活动［J］．中国统计，2007（8）：24.

［45］王琪延，郭茜．从时间分配看青少年生活方式［J］．中国统计，2007（9）：27.

［46］王琪延．从时间分配看北京人20年生活的变迁——基于2006年北京生活时间分配调查的统计分析［J］．北京社会科学，2007（5）：22－26.

［47］王琪延，龚江辉．京城居民参与公益活动知多少［J］．中关村，2008（2）：56－57.

［48］王琪延，郭茜．从时间分配看青少年生活方式［J］．中关村，2008（5）：38－39.

［49］龚江辉，王琪延．休闲是京城老年人的生活轴心［J］．中国统计，2008（6）：47－48.

［50］龚江辉，王琪延．城乡居民生活时间分配调查报告——基于北京城市居民与河北农村居民的对比分析［J］．调研世界，2009（4）：28－29.

［51］王琪延，罗栋．北京市老年人休闲生活研究［J］．北京社会科

学，2009（4）：23－28.

［52］王琪延，侯鹏．中国城市居民假日活动及消费——以北京市为例［J］．中国统计，2011（4）：19－20.

［53］王琪延，张家乐．北京居民的旅游和市内游憩活动［N］．中国旅游报，2011－12－21.

［54］王琪延，侯鹏．节假日与休闲消费关系研究——兼论我国假日制度改革［J］．北京社会科学，2012（1）：15－21.

［55］王琪延，王湛春．近年北京居民体育活动变化调查研究［J］．体育文化导刊，2013（4）：30－33.

［56］王琪延．进入休闲时代的标志是什么［N］．北京日报，2013－07－08.

［57］王琪延，张家乐．北京市民出行时间研究［J］．统计研究，2013（9）：64－68.

［58］郭茜，庄菁．我国休闲需求发展趋势的实证分析［J］．统计与决策，2010（6）：101－104.

［59］郭茜，庄菁．基于扩展线性支出系统的休闲需求统计分析［J］．统计与决策，2013（23）：106－108.

［60］薛东前，刘溪，周会粉．中国居民时间的利用特征及其影响因素分析［J］．地理研究，2013（9）：1688－1698.

［61］贾旭东．我国老年人的文化活动及其结构——基于《2008年居民日常生活时间利用调查》的考察［J］．老龄科学研究，2013（6）：48－57.

［62］韩中．我国住户无偿服务生产差异及其影响机制研究——基于时间投入的视角［J］．金融评论，2014（4）：79－88，125.

［63］陈雯，江立华．中国的老年人是否真是离群索居的——基于中国和欧洲居民时间利用调查数据的对比分析［J］．华中科技大学学报（社会科学版），2015（3）：89－97.

［64］朱依娜，卢阳旭．性别、家庭与高校教师的时间分配——基于

2011 年全国科技工作者时间利用调查［J］. 妇女研究论丛，2014（5）：24－32.

［65］薛品．科研人员的时间分配与生活满意度——性别的视角［J］. 湖北经济学院学报，2015（1）：87－93.

［66］刘娜．非劳动收入的时间福利——基于中国微观数据的实证［J］. 世界经济文汇，2013（4）：98－120.

［67］李骁天，邢晓燕，王凯珍．中国城乡居民休闲活动参与时间的年龄世代研究［J］. 沈阳体育学院学报，2014（4）：1－6.

［68］杨菊华．时间利用的性别差异——1990～2010 年的变动趋势与特点分析［J］. 人口与经济，2014（5）：3－12.

［69］宋瑞．休闲：经济学分析与统计［J］. 旅游学刊，2002（6）.

［70］宋瑞．时间、收入、休闲与生活满意度：基于结构方程模型的实证研究［J］. 财贸经济，2014（6）：100－110.

［71］刘青秀．大学生闲暇时间分配特点、问题及原因——基于1995～2010 年研究资料的分析［J］. 四川文理学院学报，2012（1）：132－137.

［72］陈梓烽，柴彦威．城市居民非工作活动的家内外时间分配及影响因素——以北京上地—清河地区为例［J］. 地理学报，2014（10）：1547－1556.

［73］宋子千，蒋艳．城市居民休闲时间现状特征与制度安排［J］. 商业时代，2014（6）：143－145.

［74］刘松，马静卿．城市居民休闲生活满意度实证研究——以常州为例［J］. 湖南城市学院学报，2014（4）：37－41.

［75］吴文汐．互联网使用对日常生活时间配置的影响——基于一项天津市民的日记法调查［J］. 新闻界，2014（21）：70－73，80.

［76］2008 年时间利用统计资料汇编［M］. 北京：中国统计出版社，2009.

［77］陈冠惠．青少年生活形态、休闲态度与休闲满意度之关系研究

[D]. 台湾：国立云林科技大学，2003.

[78] 楼嘉军. 休闲新论 [M]. 上海：立信会计出版社，2005.

[79] 郭志刚. 社会统计分析方法——SPSS 软件应用 [M]. 北京：中国人民大学出版社，2003.

[80] 杰弗瑞·戈比. 你生命中的休闲 [M]. 康筝译，田松校译. 昆明：云南人民出版社，2000.

[81] 关金永. 我国休闲体育的现状、影响因素及发展前景 [J]. 南昌教育学院学报，2011 (3)：175-176.

[82] 徐爱萍. 城市职业女性参与休闲体育运动的影响因素分析 [J]. 赤峰学院学报（自然科学版），2015 (1)：183-185.

[83] 石振国，陈培友，田雨普，赵翼虎，孙冰川. 我国城市居民休闲体育社会影响因素调查分析 [J]. 武汉体育学院学报，2006 (6)：59-63.

[84] 陈钦. 城市居民休闲体育活动的影响因素研究 [J]. 吉林体育学院学报，2012 (2)：44-46.

[85] 李亨. 休闲与旅游统计研究 [M]. 北京：中国旅游出版社，2008.

[86] A. J. Veal. 休闲与旅游研究方法 [M]. 聂小荣，丁丽军译. 北京：中国人民大学出版社，2008.

[87] 克里斯·布尔，杰恩·胡思，迈克·韦德. 休闲研究引论 [M]. 田里，董建新译. 昆明：云南大学出版社，2006.

[88] 史蒂芬·威廉姆斯. 旅游休闲 [M]. 杜靖川，曾萍译. 昆明：云南大学出版社，2006.

[89] 杰弗瑞·戈比. 21 世纪的休闲与休闲服务 [M]. 张春波，陈定家译，刘凤华，马惠娣校译. 昆明：云南人民出版社，2000.

[90] 托马斯·古德尔，杰弗瑞·戈比. 人类思想史中的休闲 [M]. 成素梅，马惠娣，季斌，冯世梅译. 昆明：云南人民出版社，2000.

[91] 约翰·凯利. 走向自由——休闲社会学新论 [M]. 赵冉译，季斌校译. 昆明：云南人民出版社，2000.

[92] 卡拉·亨德森，黛博拉·拜尔列席基，苏珊·萧住，瓦列丽亚·费莱辛格．女性休闲——女性主义的视角［M］. 刘耳，季斌，马岚译．昆明：云南人民出版社，2000.

[93] 克里斯多弗·R. 埃廷顿，德波普·乔顿，多纳德·G·道格拉夫，苏珊·埃廷顿．休闲生活满意度［M］. 杜永明译．北京：中国经济出版社，2009.

[94] 查尔斯·K. 布莱特比尔．休闲教育当代价值［M］. 陈发兵，刘耳，蒋书婉译．北京：中国经济出版社，2009.

[95] 伊芙·R. 西蒙，瓦肯·魁克．劳动、社会与文化［M］. 周国文译．北京：中国经济出版社，2009.

[96] Grant Cushman, A. J. Veal, Jiri Zuzanek. Free Time and Leisure Participation International Persoectives, CABI Publishing, 2005.

[97] Kimberly Fisher, Evrim Altintas and Jonathan Gershuny (University of Oxford, UK). American Heritage Time Use Study (AHTUS) Codebook, 2014.

[98] R. W. Edwards. Australian Culture and Leisure Classifications, Produced by the Australian Bureau of Statistics, 2001.

[99] Department of Economic and Social Affairs Statistics Devision. Guide to Producing Statistics on Time Use: Measuring Paid Work and Unpaid Work, United Nations, New York, 2005.

[100] United Nations Economic Commission for Europe. Gidelines for Harmonizing Time-use Surveys, United Nations, Geneva, 2013.

[101] Wendy E. Pentland, Andrew S. Harvey, M. Powell Lawton, Mary Ann McColl. Time Use Research in the Social Sciences, Kluwer Academic Publishers, New York, Boston, Dordrecht, London, Moscow, 2002.

[102] Paul Downward. On Leisure Demand: a Post Keynesian Critique of Neoclassical Theory [J]. Journal of Post Keynesian Economics, Spring 2004, 26 (3): 371 -394.